価値共創経営

営業受難時代の
組織の在り方

野村総合研究所
青嶋 稔【著】
Minoru Aoshima

中央経済社

はじめに

　日本企業は VUCA と呼ばれる急激な市場環境の変化に直面して久しい。デジタル革命による消費者の変化，技術革新はすさまじい。そこにコロナウイルスによるパンデミックが発生し，人びとの職業観は大きく変化した。もはやオフィスにいかなくても働けることがわかった。もちろん，コミュニケーションは大事だが，大概のことはネットでできてしまう。その大概のことの中に，買い物もある。消費者はもともと Amazon などのネット購買にはなじみがあったが，より一層買い物に行かなくなった。コロナウイルスによるパンデミックが終わり，正常化している現在，人びとは百貨店や店舗に戻っていることも確かではあるが，ネットはより消費者，顧客の購買行動に定着している。

　また，情報収集においてもネットの存在感は増している。さまざまな商品の購買において，いまや最も信頼性のある情報源は動画かもしれない。消費者の口コミサイトなどもあるが，動画サイトであれば，商品比較，デモを見ることができる。EV を検討している消費者であれば，代表的 EV の試乗レポートを見ることができる。加速感，充電体験，航続距離，冬季での遠出体験など消費者が心配なシーンを一消費者がレポートする。これは購買検討中の消費者にとっては極めて便利だ。

　こうした状況は営業担当者と顧客，消費者との情報ギャップを完全になくしてしまった。このように動画や比較サイトがいきわたる以前は，営業担当者は少なくとも自社商品については顧客より知っていた。しかし今や，消費者，顧客の方が詳しい。こうした状況は営業担当者にとっては非常に酷な状態だ。ただ，それでも変わっていないのが営業組織ともいえる。営業組織は今でも月曜日の朝に見込みの読み合わせをし，今月いくら売れるかといった古典的営業会議を未だに多くの企業で行っている。市場の変化を議論すべきときに，営業担当者の持っている案件を足し合わせ，営業組織長は今月の着地と来月，再来月に向けた見込みの整理をし，一安心する。この会議にどれほどの意味があるのだろうか。

　私も学生時代には，就職に関する紙面売り，社会人になってからは事務機の営業，米国駐在時代は営業マネージャー，米国での販売会社，システムインテグレーターの買収と統合を通じて，営業組織の統合と営業プロセス改革プロジェクトをマネージした。そのころの営業組織と今の営業組織はたいして変わっていない。消費者，顧客，ネット環境がこれほど変化しているのに，変化できていない。そうした中，営業不要論も書籍などで叫ばれてもいる。もうネットで十分という論旨である。

　では，本当に営業は必要ないのだろうか？　私はそう思わない。営業の経験は社会人としての基盤を作る。コミュニケーション力，人の心をよむ力，市場を洞察する力だ。そのような絶好の機会にある営業組織は今こそ変貌すべきなのだ。企業にとって大事なことは顧客と価値を共創することであり，モノを売ることではないと思う。今こそ企業は顧客との接点を持つ機能の重要性を再認識し，顧客との価値共創機能を再構築することに取り掛からないとならないのだ。

　2023年 8 月

青嶋　稔

目　　次

第 **2** 章

売り切りからリカーリングへ

第3章

販売プロセスからカスタマージャーニーへ

第5章

マス顧客対応からロングテール対応へ

第6章

カスタマイズからスケールできるビジネスへ

第7章
代理店依存から代理店とともに行う需要創造へ

第8章
経営の在り方と組織機能の再定義

第9章
営業組織の再構築

序　章

なぜ価値共創機能を
再構築する必要があるのか

① 再構築が必要な背景

　昨今，企業における営業活動の不要論がささやかれるようになっている。顧客と営業担当者との間に情報量のギャップがあった頃は営業という職種が果たす役割が大きかったが，現在は時代の変化が激しく顧客も消費者もさまざまな情報にアクセスできるためその役割が減退してきている。一方で，顧客が何を必要としているのかが顧客自身にも明確になっていない場合もあるが，営業の役割は限定的で，欲しいものが明確であれば営業に頼る必要がないという状態になっている。実際，営業担当者の数は2001年の968万人をピークに18年には864万人まで減少している（**図表序-1**）。

　営業担当者減少の要因としては，インターネットの普及に加えて，複雑な卸構造の見直しなどによる流通の革新，また大型チェーン店の登場による合理化の影響が大きい。

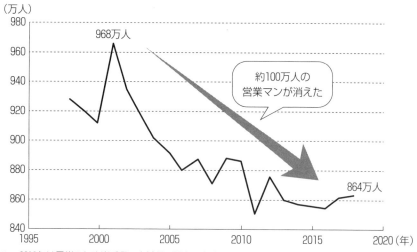

図表序-1 営業職（販売従事者数）の推移

※　2011年は震災のため岩手県・宮城県・福島県を除く
（出所）総務省統計局「労働力調査年報」より作成

その一方で，顧客との重要な接点はなお営業担当者が持っていることも確かである。変化が速い時代であるが故，市場との接点はより強固にしておく必要がある。顧客のニーズが明確になっておらず，先が読めない時代だからこそ，経営サイドとしては，売り手と買い手という関係から顧客とともに価値を創造するプロセスにリソースをシフト・再配分すべきである。現状に縛られることなく，顧客・市場と価値を共創するためのあるべき姿を考え，会社組織を抜本的につくり直さなければならなくなっている。以前のプッシュ型の販売はもはや限界を迎えており，あくまで顧客と価値を共創するにはどのような機能が求められるかを起点に，機能とプロセスを再構築していくのである。

こうした改革が必要となっている背景について，① VUCA による不確実性の高まり，②市場・消費者の変化，③ ICT の進化，④営業組織の問題点，という面から述べたい。

1　VUCA による不確実性の高まり

新型コロナウイルスの感染拡大で世の中は大きく変化した。それは，まさしく VUCA と呼ばれる時代を象徴する出来事であり，以前にも増して市場環境の変化は先を見通せないものとなっている。

VUCA とは，Volatility（変動性），Uncertainty（不確実性），Complexity（複雑性），Ambiguity（曖昧性）の頭文字をとったものである。あらゆるものが複雑さを増し，将来の予測が困難になっている。たとえば米中関係の悪化と，それに伴う半導体不足などの SCM（サプライチェーンマネジメント）への影響は予測が不可能だった。さらに，新型コロナウイルス感染拡大に端を発した在宅勤務の増加や，巣ごもり消費によるタブレット端末やパソコンに対する爆発的な需要の発生などが同時多発的に起きた。

このような変化に対して，これまでと同じ営業方法では消費者・顧客にはとても対応できないだろう。むしろ提供側が常に変化の予兆にアンテナを張りめぐらせ，顧客の変革をリードしなければならない。たとえば，地球温暖化の影響で CO_2 を多く排出する鉄鋼・セメント・化学会社は，カーボンニュートラル

への道筋を考えあぐねている。そこで，生産システムやフィールドデバイスを提供する機器メーカーやシステムベンダーは，単に機器やシステムを提供するだけではなく，今後のサービスの方向性を顧客と議論し，ロードマップを作成することが求められているかもしれない。

　技術の進化も市場の劇的な変化をもたらしている。光ファイバーや5Gといった高速通信網の普及により，いつでもどこでも高速通信が可能になったが，このようなICTの発展はビジネスモデルに大きな変化を与えた。筆者が米国に駐在していた頃，ブロックバスターはVHS，DVDなどのレンタルショップとして圧倒的に強いポジションであった。ところが，ブロードバンドが普及し，Netflixが登場すると，「店舗に借りに行く」という行為は「自宅で受信する」という行為に変わり，2011年にブロックバスターは倒産している。

　同様な例はほかにもある。英会話学校のNOVAは日本全国に600近い教室を持ち，国内の語学スクールでは圧倒的に強い存在であったが，2007年に439億円という負債を残して倒産した。これは授業料前受金制度に依存した過剰投資が原因であるが，誰でも好きな時間に安価で英会話のレッスンを受けられるオンライン英会話の登場も一因として挙げられる。NOVAはオンラインのインフラを充実させることで再生したが，このように，VUCAの時代にはそれまでの強みが一転して弱みになってしまうことがある。

　こうした変化の激しい時代には，市場の変化をモニタリングする機能を強化しなければならないが，従来の営業部門は，あくまで顕在化したニーズに対するサービス提供であり，VUCAの時代には適合できていない。さらに，日本企業におけるマーケティング部門は，市場のトレンドを読むことはできるが対応まではできていないケースが多い。よって，市場との接点において持つべき機能を再考する時期に来ている。

2　市場・消費者の変化

(1)　大量生産・大量消費の終わり

　『営業はいらない』を著した三戸政和氏は，著書の中で「営業マンの役割は
キャズム（ハイテク市場の製品やサービスを普及させるために越えなくてはな
らない市場の溝）を越えることであった」と書いている。大量生産・大量消費
の時代には，イノベーターやアーリーアダプターに受け入れられた製品やサー
ビスをいかに大量消費のフェーズに持っていくかが営業の腕の見せどころで
あった。そうすることで企業は初期投資を回収し，利益を生み出せるからであ
る。

　ところが大量生産・大量消費の時代の終焉に伴ってキャズムを越えることも
少なくなり，従来の営業の役割は終わってきている。消費者が「人と同じもの
を持ちたい」「ブランド品や高級品を購入したい」と考えていた頃は営業に非
常に存在意義があったが，現在は消費性向が変化している。消費者は自動車を
所有するのではなく，必要なときに使えればいいと考えている。高級ブランド
を身につけることが自己主張と考える人も以前より減っている。

　また，キャズムを越えるような大量生産品はネットで購買できるため営業担
当者は不要であるし，何が欲しいか分からないという状態の顧客は，営業にコ
ンタクトをするのではなくネット検索などで情報を収集するので，営業担当者
の出番は明らかに減っている。

(2)　ICT 利用の加速と情報量の増大

　2020年2月に中国武漢を発生源とした新型コロナウイルスの感染拡大による
パンデミックは，働く人々，そして消費者の価値観を大きく変化させた。

　日々当たり前のように満員電車で通勤していた労働者は在宅勤務を強いられ
た。当初は会社に行かないと仕事ができないと思われていたが，瞬く間に
Web 会議という武器を採り入れた。筆者もコロナ前は月に二度ほど海外出張

をして，週二日ほど大阪や名古屋に出張するという生活をしていたが，すべての会議を Web でこなすことができた。こういった変化は決して一時的なものではない。コロナ禍によって人々は ICT なしに仕事はできなくなったことを強く実感している。

　コロナ禍で営業担当者は顧客を訪問できなくなったが，非接触のトレンドはもはや不可逆と捉えるべきである。過去に強みを持っていた接点力だけでは顧客への価値提供は難しくなっている。今や消費者は店頭ではなくネットで製品を比較するなど情報収集をしている。法人営業についても同じようにネットで製品情報を収集し，デモンストレーションも動画で見られる。顧客は比較情報を含めた製品の知識を多く持ち合わせた状態となっているのである。

　ネットが普及する前は，営業担当者と顧客との間には情報ギャップが存在した。製品そのものに関する情報はもちろん，競合との比較を含め，提供側が圧倒的に多くの情報を持っており，営業担当者はそのギャップを武器に顧客に対する提案ができた。

　しかし，前述のように昨今は状況が変わり，顧客は営業担当者に会う前に既に多くの情報を持っている。場合によっては顧客の方が競合との詳細な比較，購入者の口コミ情報を持っている。筆者も自動車の購入に際して YouTube などで消費者の使用体験リファレンス，他モデルとの乗り比べなどのレポートを見て情報を豊富に収集した経験がある。

　ネットの口コミ情報が持つある意味における客観性は，消費者にとっては営業担当者から得られる情報より信頼できるともいえる。Amazon は今や買い物の際の検索サイトになっており，消費者の口コミを見るとメーカーの謳い文句とは異なる視点からの消費者のレビューが見られる。それらはポジティブ面だけでなくネガティブ面，たとえば使いにくさや価格パフォーマンス，メーカーの対応など多くの観点で書かれている。そこには顧客とメーカーなど提供者との情報ギャップはなく，顧客は自分が抱える課題の解決方法に加えて，解決してくれる製品の評判を学ぶこともできるのである。

　一方で，ネットから情報を得られやすくなったために顧客が情報疲れをして

図表序-2 「商品情報は不足かそれとも多すぎて困るか」の回答割合の推移

「商品情報が多すぎて困る」という人が，依然として全体の約7割を占める

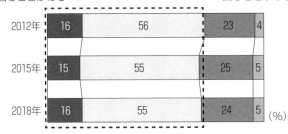

A：商品やサービスに関する
情報が多すぎて，
困ることがある

B：商品やサービスに関する
情報が不足していて，
困ることがある

年	Aに近い	どちらかといえばA	どちらかといえばB	Bに近い
2012年	16	56	23	4
2015年	15	55	25	5
2018年	16	55	24	5 (%)

■ Aに近い　□ どちらかといえばA　■ どちらかといえばB　■ Bに近い

※　無回答を除外して集計している
※　小数第1位で四捨五入したため，合計が100にならないことがある
（出所）　野村総合研究所「生活者1万人アンケート調査」（2012年，2015年，2018年）より作成

いるという一面もある。野村総合研究所（NRI）が定期的に実施している「生活者1万人アンケート調査」にも，消費者は情報疲れしているという結果が出ている。コロナ前の調査ではあるが，入手できる情報が多くなった分，何が正しいのかをガイドしてほしいという要望も見て取れる。つまり，ただ製品情報を伝えるための営業ではなく，顧客にとって何が問題なのかを整理し，さまざまな消費者の声を踏まえてニーズに合致したものを提案してもらいたいといった需要は高いともいえる（**図表序-2**）。

(3)　体験を重視するという顧客の価値観の変化

　顧客はサービスに対して，製品だけでなくよりよい体験を求めるようになった。ニーズが製品そのものから，どのような体験が可能であるかに移ってきているのである。たとえば工作機械の提供だけではなく，検査装置も含め工程間・工程内での生産革新を実現したいと思っているのである。

　これは建機を購入する土木施工会社も同様で，建機そのものではなく安全に

工期通りに工事を終わらせられるサービスを受けたいというニーズがある。ゲームもゲーム機そのものではなくよりリアルなゲーム体験を求めている。ハードウエアは大事な媒体ではあるが，ハードウエアの利用を通じて獲得できるCX（カスタマーエクスペリエンス：顧客体験）にニーズがある。

　このような変化に対しては，企業は顧客がどのようなCXを求めており，それを実現するにはどのようなカスタマージャーニーが必要であるかを考えなければならない。いわば，顧客と事業者の関係性の変革である。従来のベンダーと顧客から，ともに価値を創造する関係性になる。「顧客エンゲージメント」とは，顧客が事業者をどれだけ信頼してくれているかという考え方であるが，顧客エンゲージメントを高めるには，顧客がどのようなカスタマージャーニーを求めているのかをしっかり把握しておかなければならない。

　このような価値観の変化を見ると，従来の営業担当者に基軸を置いた営業活動では顧客が求めるカスタマージャーニーを構築できないだろう。その変化を把握できていないため，顧客と事業者との間に大きな意識の差が生じてしまっているのである。

　コロナ禍もあり，営業担当者が提案からフォローアップまで一貫して行うという，従来の営業スタイルは限界に直面している。営業の一番の目的は製品の販売であり，顧客に満足してもらうための結果としてフォローアップをする形であったが，これはあくまでも製品中心の考え方であり，顧客が今どのような状況であるかが見えてこない。顧客の変化を製品に関するニーズの変化というスコープでしか捉えられていないため，極めて限定的なものになってしまうのである。

　たとえ建機メーカーが建機に関する顧客のニーズを精緻に捉えても，土木現場全体で起きている労働力不足や，測量の不効率，危険と直面している現場など，顧客が抱えている課題すべてを把握することはできない。土木現場における測量から設計，施工，納品といった一連の流れの中で建機が活躍するのは施工の一部なので，顧客のすべてのニーズは聞き出すことができない。

　顧客も営業担当者に現在の悩みを相談し，自分たちのなりたい姿を話す機会

は多いとはいえない。むしろ営業担当者に対しては，自分たちの悩みや目標を
実現するような貢献は期待していないのである。このように，従来の営業スタ
イルでは顧客に対する理解を深められない。

(4)　働き方の変化

　市場環境の変化の1つでもあるが，労働者の働き方に占めるリモートワーク
の割合が大きくなってきている。また，リモートワークにとどまらずワークフ
ローはますます電子化されている。たとえば，押印プロセスの電子化がよく話
題になるが，承認ワークフローや情報共有に関しても電子化がベースになって
きている。オフィス機器メーカーはオフィスにおけるプリントボリュームの大
幅な減少から，電子化のソリューション構築に力を入れている。サイボウズな
どWeb上のワークフローソリューションベンダーが活況を呈しているように，
この流れは働き方の変化を一層後押ししている。その結果，社内だけでなく，
Web会議やファイル共有アプリケーション，ワークフローソフトなどを利用
した企業間の取引も電子化が広まっている。

　コロナ前は，営業担当者が顧客を訪問して，関係構築や顧客が抱える課題の
把握，それに対するソリューションの提案といったフォローアップをしていた。
ところが業務プロセスが見直され，無駄な会議は実施しないようになってきた。
今後もこの傾向は継続すると予想される。コロナ禍を機に，顧客は生産性を高
めたいという思いを一層強めている。

　そこで働き方の変化に合わせて，顧客の生産性を引き上げるプロセスを考え
なくてはならない。たとえば，顧客が欲しがっている情報を，わざわざ営業担
当者に連絡しなくても必要なときにすぐ参照できる仕組みを構築できるような
形にするのが望ましい。

3　ICTの進化に伴う営業不要論

　営業不要論が唱えられるなど，営業担当者にとって受難の時代であることは
前述したとおりだが，コロナ禍でネット販売が増え，製品と顧客との間に営業

担当者が介在しないケースがさらに増えている。実際に筆者も Amazon など
のネット通販をフル活用している。テスラなどの自動車もネットで販売されて
いるだけでなく，さまざまなものが AR，VR で疑似体験できるような時代が
到来したこともあり，ネット販売の範囲は今後も増加していくだろう。

　たとえば住宅も AR，VR で疑似体験ができる。AR の技術を有するメーカー
に，マンションショールームの AR 疑似体験をさせていただいたことがあるが，
外の景色，室内インテリアなど，あたかも自分がそのマンションにいるかのよ
うな感覚は鮮烈な記憶として残っている。Amazon などで日用品を手に入れる
際にネットの利便性が高いのは承知していたが，自動車や不動産といった高額
なものまでネット販売が充実し始めており，確実に従来の営業の役割は減退し
ているのを痛感した。

4　営業組織の問題点

　前述のように，日本企業を取り巻く経営環境は大きく変化しているにもかか
わらず，いまだ多くの企業で自社製品を起点にした販売プロセス管理が行われ
ている。法人向け営業では初期訪問からクロージングまでプロセスが定められ
ているが，起点が提供者，メーカーもしくは販売会社になっており，顧客が置
き去りになってしまっている。

　通常の営業会議でマネジャーと担当者が案件リストを基に議論するのは，今
月は何件契約し，どのくらいの売上が立つかについてであり，顧客の都合や顧
客が実現したいことに関する議論は乏しくなりがちである。営業担当者にして
みれば，今月決まらない見通しの顧客は，その瞬間，その月の訪問優先順位が
下がる。つまり，すべてが自社の都合なのである。

　このような考え方では市場の変化を捉えられなくなる。複写機の営業担当者
であれば，主な関心事は顧客のオフィスには今，何台複写機があるか，いつ入
れ替えてくれるか，リースはいつ切れるか，1 台当たりのドキュメントボ
リュームはどの程度かということである。一方で，オフィスで働く人たちに
とっては，ペーパーレス化が進むにつれ，たとえどんな高速複写機が出ようと，

美しいカラーコピーが取れようと，関心はもはやそこにはなくなっている。

　また，コロナ禍によりWeb会議の機会が増加し，従来のメールよりもチャットやインスタントメッセージを使い，リアルタイムで情報共有を行えるようになった。このような働き方の変化こそが本来，営業会議で議論されるべきテーマであろう。営業にはノルマというものがあるため，そこが変わらない以上は現行の営業会議のスタイルを変えることは難しいかもしれない。しかし，情報システムを扱っている企業も同様に，顧客のワークフローや働き方の変化で起きているインパクトについて議論がなされるのがあるべき姿であろう。

　企業は顧客の変化に敏感でなければならない。もし，営業組織が変化を察知するアンテナ機能を果たせないのであれば，その機能を構築する必要がある。顧客に製品を販売するだけではなく，顧客の課題は何であるのかを理解し，それに対してどのような提案すればいいかを考える機能をデザインしなければならない。

　「ソリューション営業」という言葉が叫ばれて久しいが，実際のところ，ソリューション営業に成功している企業は少ない。なぜ，うまくいかないのだろうか。ソリューション営業で実施しようとしているのは，パッケージ提案など製品の組み合わせであることが多いからである。しかし製品単体から製品と製品の組み合わせに変わっただけでは，顧客にとって大した変化ではない。それよりむしろ，顧客の置かれている環境がどう変化してどのようなインパクトをもたらしているのかについて，提供する製品ではなく，顧客起点で検討しなければならない。

2　求められる価値共創プロセス

　営業受難の時代に求められるのは，接点の機能を顧客視点で再構築することである。また，非連続な市場環境の変化をしっかりと把握し，事業化するという視点が必要となる。そこには，営業組織が持つ意義の再検討と，顧客とともに価値を創造する価値共創プロセスへのリデザインが求められる。

1　顧客視点での接点の再構築

　2000年以降，インターネットが普及し，ネットとコールセンターを組み合わせる形で顧客とのコミュニケーションを取る企業が増えてきた。顧客との接点を持つ営業部門やコールセンター，サービス部門などの担当者の間で顧客の情報を共有すると同時に，自社が保有する Web メディアなどのオウンドメディア（Owned Media）も組み合わせて顧客とコミュニケーションを取るというスタイルである。このスタイルも概念としては古くから存在するが，日本企業で実際にやり切れているところがどれだけあるかというと，まだ課題が多い。

　その障壁としてまず挙げられるのは部門間の壁である。顧客との接点は複数あるが，それらが情報を共有しながら，部署などを跨って顧客に提案できているケースは少ない。いまだに営業担当者が接点となり，人ベースで連携されているため，優秀な営業担当者はうまく連携できる一方で満足に連携できていないケースもある。

　また，自社のオウンドメディアの連携だけでは十分ではない。顧客はメーカーなど事業者の提供する情報だけでなく，消費者の口コミ情報などさまざまなメディアを利用するからである。つまり，顧客とのコミュニケーションは，SNS などのシェアードメディア（Shared Media），広報・PR などのアーンドメディア（Earned Media），従来から活用している広告などのペイドメディア（Paid Media）などを統合的に組み合わせる必要がある（**図表序-3**）。

　ここで発想の転換が必要だ。オウンドメディアでプロセスを組むのであれば自社の都合でできる。なぜならば自社を主語で考えているからである。しかしながら，シェアードメディア，アーンドメディアまで組み合わせる場合，この論理は通用しない。なぜならば主語は顧客であり，いつどのような目的と動機で動画を見るかは顧客ありきになるからである。つまり，顧客との価値共創プロセスは，顧客を主語にしなければならない。自社の都合ではなく，顧客を主語にプロセス，CX，成功を考えるという発想の転換が求められる。

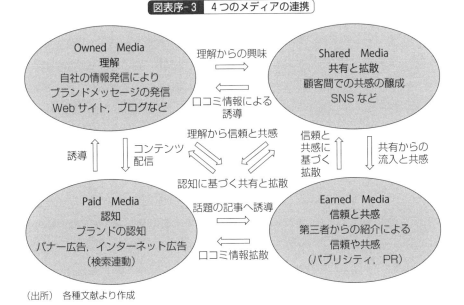

図表序-3　4つのメディアの連携

（出所）　各種文献より作成

2　非連続な市場環境の変化を洞察し事業化するという視点

　現在のような非連続な変化が起きる市場環境下では，その変化をしっかりと把握し事業機会につなげようとする視点が必要だ。前述したように，複合機メーカーはコロナ禍による働き方の変化，電子化で在宅勤務が一般化したため，オフィスでコピーやプリントをするシーンが大幅に減っていることを認識しなければならない。あるいは自動車業界であれば，内燃機関を得意としてきた日本の自動車企業はEV化でその強みを失うかもしれないという状況にある。カメラメーカーは，スマートフォンが多眼化したことによってスマホ内蔵のカメラが多くの場面で使われるようになる一方で，デジタルカメラの活用シーンは明らかに減っているという局面を迎えている。これらはおそらくもう元の状態には戻らないであろう。

　このような変化に対して，これまでと同じようにハードウエアをドアノック

で販売するというスタイルでは，顧客の意向に沿わないばかりか，顧客にとって喜ばしくない存在となりかねない。Web で情報収集ができるので営業担当者の登場シーンは減っており，購入の決定がなされてから営業担当者にその意思が伝えられるのみということも頻繁に起こり得る。

　かたや，営業組織の立ち位置を考えてみたい。まず，顧客と最も接点が多く，毎日話をしていることで，社内の他部門と顧客とのハブ的な接点になる下地があるともいえる。しかしながら，営業組織は担当している顧客に対して近視眼的になりがちで，目の前の顧客ニーズに応えることだけを目指しがちである。競合に勝つためにサービスを顧客向けにカスタマイズすることがその典型例といえよう。これは「顧客主語」ともいえるが，ビジネスとしては採算性の低いものになってしまう。

　顧客との接点となっているならば，その立場を活かして，個社ニーズを聞くだけではなく，顧客のニーズを抽象化・N 倍化していくような仕組みにすることが望まれる。つまり，顧客という個に接していると同時に，それらを束ねこの先の市場の変化に対する感度を高めておきたい。それには，営業視点のプロセスではなく，顧客に対してどのように価値を創造するかというプロセスで再構築しなければならない。その上で，プロセスの再構築を既存の営業組織が担うのか，あるいはマーケティング部門など他部署が担うのか，はたまたスクラッチで機能を構築するのかについて検討することが必要になってくる。

　機能構築に関していえば，既存の営業組織を前提にした検討は限界にきている。それは，長らくプッシュ型販売に慣れ親しんでしまった組織が抜本的に変わるのは難しいからである。したがって，必要な機能を考え，それをどの組織が実施するかについての最適解は，企業によって異なる。

　こうした組織機能はマーケティングといっていい。ドラッカーは，マーケティングの目的は販売を不必要にすることだといっている。市場が成長しているときは市場を創造するのがマーケティング部門で，目の前の顧客に販売をするのが営業部門とはっきり分けることができたが，現在はネット販売の台頭に加え，顧客の思考や購買動向の変化から，需要喚起による価値共創機能の強化

が求められるからである。こうした変化に対して，顧客接点のリデザインはその組織が強みとする機能なども鑑み，今の非連続な変化を事業機会にできる機能とプロセスを盛り込むべきである。

3　営業組織の意義の再検討と価値共創プロセスのリデザイン

ICT の進化で営業不要論まで出ている今，あらためて人間にしかできないことは何であるかを考えてみる。AI に最も置き換えられにくいのは，人とのコミュニケーションや人の真意を汲み取ることだろう。

AI というものは課題が設定されていればめっぽう強いが，課題自体を設定することはできない。そこで顧客と対話しながら，その課題を整理する営業担当者が必要になる。確かに，Web やマーケティングオートメーションなどの技術を使えば顧客創造も多くの部分を代替できるが，人間だからこそできるコミュニケーションという部分に一層フォーカスし，顧客の悩みを整理して需要を創造できれば新たな強みとなるだろう。問題は長年，営業担当者自身が変われていないというところにある。

ここでキーエンスを例に挙げたい。キーエンスはなぜあれほど利益率が高いのだろうか。営業利益率が50％以上ある同社の成功の秘けつは，営業と開発力にあるといわれている。同社の営業担当者は，付加価値があり独自性もある製品を継続的に開発するためにコンサルティング営業を行っており，顧客とのコミュニケーションから真のニーズを聞き出し，毎月2件はヒアリングの内容をニーズカードというフォーマットで製品開発部門に提出しているという。多くの企業がキーエンスにならって営業組織の改革を試みたが成功していないのは，このビジネススタイルはキーエンスの強い組織カルチャーに大きく依存したものであるため，他社が取り入れようとするならまず企業風土ごと入れ替えないと成り立たないからである。

本書では，既存の営業組織を前提とした営業改革を唱えるのではなく，今，企業が持つべき価値共創機能という観点で論を進める。なぜならば，営業というある種の既存の固定概念が持つ限界にとどめたくないからである。現在，多

くの企業がソリューション営業を目指すもののうまくいっていない状況を踏まえ，顧客とともに価値を創造するには，顧客との接点にどのような機能が必要であるかについて述べる。

　売り切ることで顧客との販売プロセスが一旦途切れるのではなく，関係を継続的かつ強固にしていかなければならないわけだが，そのためには物事を販売プロセスではなく，CX やカスタマージャーニーを起点に考えることが求められる。それによって，目標が「いくつ売る」ではなく「顧客の成功」へと変えられるのである。

　顧客を製品起点で考えるとマスで製品が売れる顧客を 1 つの塊として考えるが，顧客の課題を起点に考えるとロングテールで顧客を捉えられるようになる。そのためには，営業マネジメントもコーチング的要素が必要になるであろう。

③　本書の構成

　まずは，第 1 章から第 7 章で価値共創機能について 7 つの視点から論を進めていく。7 つの視点とは，①販売から需要の創造へ，②売り切りからリカーリングへ，③販売プロセスからカスタマージャーニーへ，④売上目標から顧客の成功へ，⑤マス顧客からロングテール対応へ，⑥カスタマイズからスケールできるビジネスへ，⑦代理店営業からデマンドジェネレーションへ，である。

　①（第 1 章）は，販売行為の限界について触れ，需要創造という視点から顧客とのタッチポイントを見つけ出し，価値共創プロセスを確立した，もしくは確立を試みる企業の事例を紹介する。事例から，需要創造を可能とする機能やプロセスについての示唆を述べる。

　②（第 2 章）では，売り切り型ビジネスの限界と，リカーリングモデルにシフトして成功した，もしくは成功のきっかけをつかんでいる企業の事例を紹介する。事例から，リカーリングモデルへのシフトに必要な機能・プロセスについて述べる。

　③（第 3 章）では，販売プロセスによる営業管理の限界について述べる。現

在，営業組織が推進する管理中心の販売プロセスの限界に言及するとともに，カスタマージャーニーを起点としたプロセス改革について，成功事例を紹介しつつ述べる。

④（第4章）では，既存の営業組織が陥っている売上目標管理の限界について述べる。売上目標を設定すると，営業担当者の関心事は顧客の関心事とは遠ざかってしまうものである。そうならないため，顧客の成功という観点から改革を断行した企業の事例から，組織機能をいかに構築するかについて言及する。

⑤（第5章）では，もはやコモディティ化して高い付加価値にはならないマス顧客対応ではなく，ロングテール対応にフォーカスすべきではないだろうかという視点で論を進める。また，それで成功している企業の事例をBtoB，BtoCの両面から紹介しつつ，ロングテール対応構築に向けた機能の在り方について述べる。

⑥（第6章）についてだが，日本企業はとかくカスタマイズ対応が多い。顧客主義をうたってはいるものの，蓋を開けたら大赤字事業というのが現実である。日本企業にはカスタマーフォーカスが個の顧客対応となり，採算性を追えないという弱さがある。この問題を克服した企業の事例を紹介するとともに，事業をスケール化するための機能構築について述べる。

⑦（第7章）では，代理店ビジネスを主としている企業の問題は，代理店から先の顧客が見えないということに注目する。「顧客が見えない」が原因で価値共創機能を構築したくともできないでいるという現状に対して，どのように機能を構築すべきか，BtoB，BtoCそれぞれの企業の成功事例から示唆を獲得し，デマンドジェネレーションによる代理店との価値共創機能について述べる。

第8章は，経営のあり方として組織機能の再定義について述べる。価値共創機能をどのように強化もしくは構築するのか。またその際のマーケティング組織の在り方や，既存のマーケティング組織と営業組織がどのように連携していけばよいかについても言及する。この問題に立ち向かっている企業の事例を紹介し，価値共創機能におけるマーケティングの役割，機能再構築の進め方について論じる。

　最後の第 9 章は，従来の営業組織がどう変わっていくべきかについて論じる。
価値共創機能を構築する際，従来の営業組織が推進してきたプッシュ型営業と
求められる機能とのギャップをどのように埋めるかということが問題となる。
その組織機能変革を推進している企業の事例を紹介する。

第1章

販売から需要創造へ

1 販売活動の限界

　消費活動のあり方が変化しネット購買が進む中で，企業の販売活動に対する顧客の期待値は下がっている。しかしながら現在，企業は直接販売に多くの営業担当者を配置し，代理店販売であっても営業担当者は代理店支援に勤しんでいる。彼らは，カタログを持参し，顧客もしくは代理店訪問をする。このように人手が多くかかる販売活動というものが，はたして市場の変化に対応できているのかについて，考え直す時期に来ている。

　現在の販売活動の限界について，①販売組織におけるミッションの限界，②ICT の進展がもたらした限界，③企業内組織の壁による限界，④日本企業の雇用慣行から来る限界，の4つの側面から説明する。

1 販売組織におけるミッションの限界

　企業の販売活動はいまだに，自社製品を中心に考えるという習慣から抜け切れていないように思われるが，そのデメリットは顧客が抱えている課題に目が届きにくくなってしまうところにある。また，顧客の課題を把握するといっても，そこから抽出されるのは顧客が使っている自社もしくは競合製品に関する不満の収集など，結局は自社製品を販売するためのものであり，顧客が抱えている課題そのものとはかけ離れている。

　また，ソリューション営業というと聞こえはいいが，売上ノルマを追うという側面は従来の販売活動と同様である。今，ソリューション営業という名の下で行われている活動の多くは，製品とサービスの組み合わせ営業であり，顧客の視点からの価値は限定的である。もちろん，ソリューション営業で成功を収めているキーエンスのような企業もあるが，極めてまれである。

　キーエンスは，営業担当者が工程や製造ラインに関して顧客が抱えている課題をつぶさに把握し，顧客が気づいていないニーズまでも「ニーズカード」にまとめ，分析を繰り返している。これは同社が営業担当者の1人ひとりにまで

くまなく浸透させてきた組織風土があってこそ可能なのであり，他社がベンチマークをして，活動として真似はできても組織風土として簡単に根づかせることはできない。従来の営業組織に染みついているノルマによる目標管理と評価，カタログに基づく販売もまた，風土として染みついているものであり，抜本的な変革は非常に難しい。

　このように，従来の販売を目的にした組織は主語がどうしても自分たちであるため，顧客と価値を共創するというスタンスにはなりづらい。そもそも，ノルマが与えられている営業組織のミッションは製品やサービスの販売なのだから，当然かもしれない。

2　ICT の進展がもたらした限界

　コロナ禍でネット販売が急激に成長したことによりあらためて明らかになったのは，コモディティ化された製品であれば，営業担当者がわざわざ訪問する必要もないということである。代理店の支援は製品知識のサポートという意味合いも兼ねるが，その多くは Web ポータルサイトの設置や e ラーニングでの教育・研修といったデジタル技術で代替可能となっている。

　製品がネットワークでつながり，クラウドと連携してさまざまな価値が付加されていく現在は，そもそも製品を中心に考えていては立ち行かなくなる。なぜならば，製品がスタンドアローンでは実現できる価値は限定的だからだ。IT 業界はどの業界よりも早くこの変化に直面してきた。こうした中，製品を販売するだけの組織ではもはや対応できなくなっている。

3　企業内組織の壁による限界

　SNS や Web 販売などのインターネット，コールセンター，サービスネットワークなど，企業は顧客とさまざまな接点を持っている。これらの企業内組織が連携し，顧客の需要創造をするための活動が必要であるとよくいわれるが，これは古くから変わらない概念でもある。一方で，現実には顧客のデータは，組織間の壁に阻まれてうまく活用されず，部門のサイロにとどまっているケー

スが圧倒的に多い。

これは，顧客とつながりがある部門がそれぞれ異なるシステムでその情報を管理しており，共有が難しいという理由もあるが，最も大きな問題は，各バリューチェーンが目的をそれぞれの機能に閉じてしまっているためである。それぞれの部門が実現させようとしていることは当然異なるため，情報を共有することへの強いインセンティブが働かないのである。

4　日本企業の雇用慣行から来る限界

クラウドの浸透に伴い，製品販売から他サービスに転換することで，顧客とともに需要創造をする組織に体質転換した企業の1つに，マイクロソフトが挙げられる。同社は，ソフトウエアパッケージのライセンス販売からクラウドサービスへと大きく体質を転換したのである。欧米企業には思い切った販売リソースの入れ替えが可能であるという土壌もあるが，日本企業，とりわけ日本市場においては思い切った人の入れ替えは難しいだろう。

いまだに終身雇用が前提となっており，かつメンバーシップ雇用である日本企業は，事業が大きく変わっても，それに伴って人を入れ替えるということが容易ではない。組織の機能を大きく転換するには，顧客とともに需要創造をするというミッションの下，リソースを集めて組織形成をすべきだが，元からある販売リソースを前提としていては大きな転換は難しいという一面がある。

こうした機能としての限界を迎えている販売活動をミッションとした組織をどう変革すべきか，顧客との接点を再定義するためにどのような新しい機能をつくるべきなのかについて，先進事例を見ながら考察していきたい。

② 企業事例

需要を創造している企業の先進事例として，味の素冷凍食品，アイリスオーヤマ，ロート製薬を紹介する。

1　味の素冷凍食品

(1)　企業概要

　味の素冷凍食品は，味の素系列の企業で冷凍食品の研究開発・製造・販売を行っている。従業員規模は1000人。

(2)　味の素冷凍食品の需要創造／ナラティブマーケティング

　味の素冷凍食品は，顧客の需要を「ナラティブマーケティング」という手法を用いて創造してきた。ナラティブマーケティングとは，提供者と顧客という関係性ではなく，顧客と共感・共鳴しながら需要を創造していく活動である。顧客を主役とした物語を構成し，その心理に訴えかけることで需要を創造するのである。そもそも，なぜ，同社がこのような活動に至ったのか。常務執行役員で，マーケティング本部の戦略統括を行う伏見和孝氏にインタビューをした。

　大きなきっかけは，味の素グループが始めた「ASV」にある。ASV は Aji-nomoto Group Shared Value の略で，「社会課題を解決し，社会と価値を共創する」という考え方である。これを拠りどころとして，同社として何ができるかを考えたという。

　2019年，同社でマーケティングを牽引していた下保寛専務（現・味の素フーズ・ノースアメリカ社長）は，顧客にまず，冷凍食品のことを正しく理解をしてもらおうとした。冷凍食品には調理時間を短くできるなど便利な面がある一方，栄養価が低い・手抜きなどのネガティブな印象もあったため，それを払拭することが必要であると考えた。

　そこで，主語を「味の素冷凍食品」ではなく「顧客」としたストーリーを構築しようと考えた。具体的には，料理という行為は「手づくり」からスマートで現代的な「賢い選択」に移行する時代であるという構造をつくり，「賢い選択」に対する消費者の共感を増やそうとした。

　その最中，2020年 8 月，「夕食に冷凍餃子を出したところ，夫から手抜きと

いわれた」とTwitterに投稿があった。これに同社の公式アカウントがすぐに反応し、「『手抜き』ではなく『手間抜き』」と説明した。この発信をしたのは自身も母親である同社の広報担当者であった。この社員は、投稿者の気持ちを母親・主婦の立場から理解することができた。また、一方で「自社の冷凍餃子は『大きな台所』である工場で、消費者に代わって原料を吟味し、多くの『手間』暇をかけて丁寧につくっている」ということ、さらに白社の冷凍餃子は栄養価が高く、実際に野菜もバランスよくとることに自信と誇りを持っていた。

　社内では日頃から、こういった冷凍食品の特長をうまく利用し、日常の炊事にできるだけ「手間」暇をかけず、浮いた時間を家族のために使ってほしいという会話をしていた。これらのことがTwitterでの即座の反応につながった。消費者の固定概念を払拭し、商品のよさを正しく消費者に伝えたいという考え方が浸透しているため、この社員はごく自然に上記のような発信ができたのである。この一連の投稿には44万の「いいね！」がつくなど、大きな反響を呼んだ。

　また同社は、消費者に代わってかけている手間がどのようなものであるかを正しく理解してもらうために、動画を制作した。撮影は2020年9月に関東工場において、新型コロナウイルス対策を万全にして行われた。

　この動画は2020年10月にYouTubeに公開されて以来、約半年で再生回数が91万6000回に達している。動画の主役は工場で働く人々である。タレントなどは使わず、工場の従業員1人ひとりが担う手間を丁寧に映し出している。動画の最後には「仕上げはあなたのフライパンで」というメッセージがつけられ、あくまで同社と消費者との共同作業であることを強く印象づけている。この動画を見ると、売り手と買い手という構造ではなく、餃子をつくる際に家庭でかかる手間を、工場がいかに担ってくれているかが分かる。

　コロナ禍で消費者は外食ができなかったため、冷凍食品の需要は急激に増大した。同社が推進した消費者の冷凍食品に対するネガティブイメージを払拭するための地道な活動が功を奏し、幸せな時間を創造するための合理的な選択肢として認知されることとなったのである。さらにこうした活動は、同社従業員

の意識やモチベーションの向上につながった。撮影を行った関東工場にとどまらず，ほかの生産現場に波及したばかりか，営業部門においても，動画が広まるとその価値を流通の現場などに正しく理解してもらおうという動きにつながっていった。

　たとえば月に一度，お客様相談室が発信するレターで消費者から届いた声を共有しており，社長から一営業担当者に至るまで高い関心を持ってチェックしている。同社では消費者の声の共有を通じて，メーカーが一方的にメッセージを発信するのではなく「社会事化」することが大事であるという共通認識となっている。2022年の餃子・焼売の50周年感謝セールの際には，消費者にとって何が大事であるかという視点に立ち，油なし，あるいは水なしの製品，もしくは原料国産化といった取り組みを消費者とともに推進してきた。今後も，消費者とともによりよい生活をつくるというスタンスを一層推進すべきとの議論がされている。

　同社ではSNSで情報をモニタリングし，消費者の変化を社内で共有するとともに，対外的にも発信している。実際，消費者の声のモニタリングから，三大アレルギーである小麦・卵・乳を使わない冷凍食品を販売し，ドラッグストアなどのチャネルでプロモーションすることで販売量を伸ばしている。

　味の素冷凍食品の消費者の需要創造における取り組みでは，リテールビジネスの中心である大量消費需要だけでなく，世の中のニーズが多様化する中で特定のニーズを持っているニッチ層を捉えることに努めている。リテール品というものは従来，品数を絞り，効率性を高めるものであったが，数は多くなくても切実なニーズをいかに捉えるかに取り組んでいるのである。そこから生まれたのが前述の小麦・卵・乳を使っていない「やわらか若鶏から揚げ」である。また，アスリート向けの餃子「アスリート・ギョーザ」を展開しており，柔道の阿部一二三選手・詩選手や，水泳の入江陵介選手などに支持されている。ほかにも，柔道の試合前，計量に向けた調整期に食べる「コンディショニングギョーザ」や，試合前日，計量後に食べる「エナジーギョーザ」といった商品を開発している。

　同社は，消費者とともに価値を創造するため，一般紙や主婦向けの雑誌，Web，テレビ（とりわけローカル局）での発信も続けているが，それによってシニア層の餃子の消費が増えている。高齢化が進む中，餃子の栄養価の高さ，栄養バランスのよさに加えて1人もしくは2人暮らしでも調理の手間が少なく手軽であるというニーズに応えているためである。野菜の値段が上がると餃子が売れるという相関データも取れており，着実にマーケットを広げている。

　このように，味の素冷凍食品はさまざまな戦略で同社の冷凍食品のブランド価値を高めている。冷凍食品は一般的にブランドの訴求が難しく，購買に際して最も大きな影響力を持つのは価格であると考えられていた。ところが，同社が実施した調査で同社のブランドに対する支持が厚くなってきていることが分かった。消費者との価値の共感・共創活動の効果がこのような形で出ている味の素冷凍食品は，事業者というより仲間という位置づけが消費者の中に根づいているといえよう。

2　アイリスオーヤマ

(1)　企業概要

　アイリスオーヤマは宮城県仙台市に本社を置く企業であり，生活用品の企画，製造，販売を行っている。製品は電化製品，収納家具，ホーム用品，寝具・インテリア，ヘルスケア，ペット用品・ペットフード，工具・DIY など多岐にわたっている。グループ売上高は，2021年度で8100億円に上る。

(2)　合弁会社設立によるロボットでの需要創造

　アイリスオーヤマとソフトバンクロボティクスは，2021年2月1日に合弁会社「アイリスロボティクス」を設立した。出資比率はアイリスオーヤマが51％，ソフトバンクロボティクスが49％である。

　この会社では，国内における深刻な人手不足や新型コロナウイルスの感染拡大と長期化から，清掃，配膳に代表される単純な業務はロボットに担当させ，

人は顧客対応などの創造的な業務に携わらせることを目的としている。清掃，配膳といった現場では，デジタル技術を活用したDX（デジタルトランスフォーメーション）を実現することは難しいが，人手不足という深刻な課題に着目して需要を創造しようという試みである。

　アイリスオーヤマは「製造業と卸の融合形態であるメーカーベンダー」というユニークな事業形態から，豊富な販売ネットワークを保有している。こうした販売ネットワークの持つ顧客接点力により，顧客が抱えている悩みを把握し，ハードウエアの改良・設計を推進できる力を持っている。

　また，ソフトバンクロボティクスは，AIロボティクスのOS分野で高い技術を有している。この2社が連携することにより，法人向けロボット市場の需要創造を目指したのである。また，新型コロナウイルス感染症に起因する雇用問題を社会課題として捉え，それを解決するための手段として「ロボットオペレータ」が新たな労働市場や雇用機会を創出しようと考えている。

　アイリスロボティクスは，AI除菌清掃ロボット「Whiz i（ウィズアイ）アイリスエディション」と配膳運搬ロボット「Servi（サービィ）アイリスエディション」の展開という法人向けサービス・ロボットの提供を推進している。また，当面はこの二機種を展開しつつ，新製品の開発を目指している。これは，特にアイリスオーヤマが持つ顧客接点力を生かし，掃除ロボット，配膳ロボットに次ぐ法人向けサービス・ロボットを開発すれば，さらなる市場創造を進められるという考えに基づいている。

　アイリスオーヤマは，このロボティクス事業において単なる市場創造だけでなく，いずれ参入してくるであろう中国企業に先んじてノウハウを蓄積し，ビジネスモデルを構築しようという狙いがある。中国企業が参入してきたら，ロボットのハードウエア単体での事業は価格勝負となることが予想されるが，そうなったら勝ち目はない。そこで顧客の声を蓄積・解析してニーズを把握し，対応できるだけのサービスを構築しておこうというわけである。

　アイリスオーヤマグループ全体には，現在約700人の営業部隊がいる。うち50人を超えるロボット専任の大部分はホテルにLEDなどの商材を販売してお

り，商材のクロスセルを行うことで見込み客を発掘し，技術的なサポートをするという体制を取っている。2020年まではアイリスロボティクスが販売を推進していたが，販売展開力に課題があったため，アイリスオーヤマが販売を受け持ち，その徹底した営業管理を導入することとした。これはLEDの営業担当者にとっても，利益がさらに上がる商材を販売できれば目標KPIを早く達成できるということにつながり，営業活動は活性化している。

　ロボットは三年プランなどサブスクリプション型で，販売プランが統一されており，営業担当者の評価は販売台数に一本化されている。こうした評価の分かりやすさもロボット営業の活性化につながっている。

　また同社の強みは，コモディティ化された商材でもVE（バリューエンジニアリング）の力で新しい市場を創造し続けているというところにある。たとえば，ソファやカーペットなど布製品の汚れを水と空気の力で吸い取る掃除機であるリンサークリーナーや，電気圧力鍋など，「こんなものがあったら便利」という消費者の潜在ニーズを見つけ出していち早く製品化し，ヒットさせている。

　さらに，前述のように他社に先駆けてロボット市場に参入して先行利益を獲得するだけでなく，ソフトバンクロボティクスとともに知見を蓄積しておき，市場がレッドオーシャン化したときに備えている。そのため，たとえ現段階では収益性が低くても，顧客接点力や製品のブラッシュアップ，付加価値サービスの開発を推進しているのである。

　重ねて述べているように，アイリスオーヤマの強みは，顧客の声を真摯に聞く接点力にある。配膳ロボットについては設計段階からかかわっているが，同社のVEやコストエンジニアリングのノウハウを生かし，市場に受け入れられる価格帯にすることを目指している。

　また，こうした接点力の強さが組織としての能力に昇華されている点も，アイリスオーヤマの強みといえよう。市場創造においては，営業管理が大変重要になる。顧客の声を共有し，それに対応していち早く改良していくことが求められるからである。

　同社では週単位でのターゲット設定，目標設定，行動管理が徹底され，

PDCA の高速回転が管理されている。ソフトバンクロボティクスからも40〜50人のスタッフが参加して販売活動を展開しているが，アイリスオーヤマのこうしたスタイルはよく理解した上でのことであるという。結果として，開発力，企画力，市場に出すまでのスピード，市場の洞察力が，アイリスオーヤマとソフトバンクロボティクスの連携による強みとなっている。

　またアイリスオーヤマには，社員であれば誰でも見られる「IC ジャーナル（業務日報）」があり，会長や社長もこまめに確認しているという。これは，市場の生の情報をキャッチし，経営として次に何をすべきかというアイデアを練るための材料となっている。こうした文化は長年にわたり，アイリスオーヤマのプロパー社員が培い，組織文化に昇華してきたものである。現在は中途入社の比率も高まっているが，こうした組織文化の継承は入社時期にかかわらず求められていることである。ロボティクス事業も大山健太郎会長がハンズオンで確認しているという。

　2021年度の研修テーマは，同社の理念である「アイ ラブ アイデア」を自身としてどう捉えているかであった。査定や昇給試験もいわゆる360度評価で行われ，昇格試験の最後には役員の前でのプレゼンが課される。このような徹底した行動への具体的な落とし込みが，組織文化としてロボットの展開にも生かされている。

　次に，清掃ロボットと配膳ロボットについて述べる。清掃ロボットの中心的市場はホテルである。同社としては，ホテルが契約している清掃会社に対してロボットを活用することによる DX の推進を提案している。ロボットは自走式で無人で床面掃除ができるため，浮いた時間で人間にしかできない部分の清掃に専念できるというわけである。AI も日々学習しており，導入当初はクレームが多かったが改良が進んでいるという。

　ホテルに続くターゲットとしては，介護施設，スーパーマーケット，ショッピングモールと，いずれも清掃の人手が不足しがちな現場においてニーズがあると考えている。特に介護施設は，腰を痛めやすい作業なども多く，介護スタッフの重労働が問題となっており，ロボットの導入によって労働環境の改善が可

能になる。

　配膳ロボットは，料理をテーブルまで持って行ったり，食後の皿をテーブルから洗い場まで運んだりする役割を担う。これらは元来，人間の作業であるが，こうした単純な作業をロボットが担えれば，顧客に料理に関するより詳細な説明をするなど人間にしかできない業務に注力できる。

　配膳ロボットは清掃ロボットよりも前から市場が形成されており，既にキャズムを越えているという。なぜならば，コロナ禍で消費者は外食から遠ざかっていたが，それが許される状況になるといわゆるリベンジ消費が爆発し，外食需要が増加するからである。しかしながら，かつて外食産業で働いていた人々が職場に戻って来るとは限らないため，外食産業は深刻な人手不足に直面している。そのため，配膳ロボットの分野は需要が顕在化し，中国企業の参入も進んでいる。

　そういったシーンで，同社のコーポレートメッセージである「アイ ラブ アイデア」がモノをいうわけである。この考え方をロボット事業に置き換えれば，ロボットという商材から派生する顧客のニーズを引き出して事業化していく。そしてユーザー目線を徹底することで，ロボット単体の販売だけでないサービスを提供できるのである。

　たとえば今後，デジタルの清掃会社を立ち上げることも十分考えられる。デジタルを清掃業務に活用すれば，その業務は大きく変わるだろう。通常，オフィスビルは一階から上層階までまんべんなく清掃をしているが，在宅勤務が増えており使用されていないフロアや場所もあるはずだ。フロアごとのトイレの使用状況をデジタルで把握し，必要なところだけを丁寧に掃除するといったことも十分に考えられる。

3　ロート製薬

(1)　企業概要

　ロート製薬は1899年創業の老舗企業である。創業者の山田安民氏が設立した

信天堂山田安民薬房をその起源としている。当初は，胃腸薬「胃活」を製造販売する会社であったが，1949年に製品の「ロート目薬」から現社名に改めた。2020年度の売上高は1813億円，うちスキンケア製品が1110億円と最大の事業である。

(2)　ロート製薬の需要創造を可能にする企業風土

①　大ヒット商品「肌ラボ」の開発経緯

　ロート製薬は，成長事業領域としてかねてからスキンケア事業への参入を狙っていた。それが果たされたのは1975年，メンソレータムブランドの取得をきっかけに，胃腸薬，目薬に続く同社の柱とするべく，スキンケア事業を始めた。1988年にメンソレータムを買収し，完全子会社化したことから，リップ，ハンドクリーム，日焼け止めと，本格的に進出していった。

　同社はスキンケア領域において，機能性化粧品の領域に力を入れたいと考えていた。そこで，キーとなる成分としてスーパーヒアルロン酸に着目し，保湿性の極めて高い製品を考えたのである。スーパーヒアルロン酸は通常のヒアルロン酸の2倍の保水力を持ち，成分としての実行感覚が高い。化粧品領域へは後発であるため，こういったシンプルで分かりやすい製品コンセプトが大きな武器となったのである。

　消費者にとって，エイジング（齢を重ねること）は最大の悩みの1つである。またエイジングの最大の敵は乾燥であり，乾燥しないためのソリューションは保湿力にあった。同社はそれをなるべくわかりやすい主張で，シンプルに伝えるコンセプトを考えたのである。さらに，従来の化粧品と差別化をするために，子供から大人まで使えるリーズナブルな価格帯を設定した。

　これらを念頭に置き，肌ラボは「保湿力」「べたつかず浸透性がよいこと」「性別や年齢を問わず家族が使える汎用性の高さ」「店頭だけではなくネット通販でも購入できる気軽さ」「製薬会社の発想からくる男女共通の効用」「キー成分を前面に押し出した機能性の高さ」という，これまでのスキンケア製品にはない新しいコンセプトを打ち出した。より多くのユーザーに買いやすさと使い続

けやすさを提供するために，機能性以外の部分はすべて削ぎ落とし，容器も当時の化粧品では一般的だった加飾の多い豪華なものではなく，最低限のシンプルなものを採用した。発売1年後には容器に詰めかえを行うリフィルも発売している。

　開発も異例といえるスピードで2004年1月に着手し，同年8月には発売に漕ぎつけた。これには，冬に向かって気温や湿度が下がり始める，つまり乾燥が気になる時期に間に合わせるという目標があった。発売されたのは「肌ラボ」「極潤」シリーズ四アイテム（ヒアルロン液，スーパーヒアルロン酸＋ビタミンC美容液，スーパーヒアルロン酸＋コラーゲン美容液，スーパーヒアルロン酸＋レチノール美容液）である。

②　需要創造を可能にする企業風土

　通常，新製品の開発は2年半〜3年ほどかけるものだが，肌ラボを半年という短期で開発できたのは，ロート製薬のフラットな企業風土に基づいた，顧客やパートナーと価値共創するという企業姿勢にある。

　同社では，この製品を発売する20年ほど前の1980年代から積極的に女性を採用し，スキンケア領域に参入する準備を進めてきた。創業一族である山田邦雄氏（現・会長，CEO）は，既に女性社員の可能性を見いだしていたのである。

　同社の役員は個室を持たず，全社員が「さん付け」で呼び合うというフラットな組織文化がある。事業に対する提案があれば社長もしくは会長に直接できるというのが「ロートルール」である。やりたいことがあったら，入念に市場調査をするなど長い期間をかけて準備するのではなく，まずやってみるという文化である。ニーズが少ない小さな市場であっても，そこに顧客がいるならば，「まずやってみる」。それにより，さまざまなことを組織全体で学び取る風土が同社にはある。同社の妊娠検査薬もそのような経緯で生まれた。

　部下や年下の社員から学ぶというのも同社の風土である。全員をさん付けで呼び合うことで，世代や性別を問わず，社員同士がフラットに会話でき，さまざまな価値感を敏感にキャッチする感性を磨き上げている。たとえば，2021年

度には，役員や管理職に対して，新入社員がZ世代（1990年代後半から2010年代初頭に生まれた世代）の考え方をレクチャーするという研修があった。ジェンダーについての価値観の違いや，若者の恋愛事情，出会い方などテーマは多岐にわたった。組織としてのこうした考え方は，自分と立場や環境や考え方が異なる人を理解するとともに，そういった考え方に沿って新しいものを生み出していくという風土につながっている。若者や女性のニーズに敏感になったことで，ユーザーとしての感覚も鋭くなったという。

　また同社には「明日ニハ」という社内起業家支援プロジェクトがあり，個人の想いを事業化するプロセスで各社員が一緒に後押しするという仕組みになっている。

　同社には全員開発，全員営業，全員広報という考え方もある。1800人の社員全員が組織の壁なく製品を発案・開発・営業・広報する。山田氏は，パートや派遣社員含め，全社員に誕生日にはケーキを送り，1人ひとりを大事にするということを徹底している。それが，組織の壁をつくらず，全員が一緒になって考えるという文化の礎となっている。肌ラボも，前述したように社員の発案を山田氏がフラットな立場で聞いてアイデアを採用し，まず試してみようというところから始まった。

　そして，同社の営業部門はかねてより「営業にとって受難の時代がやって来る」「営業と顧客が対立構造では長続きしない」という考えを持っていた。そのため，顧客との対立構造からの販売ではなく，顧客と利害を一致させることを重視している。このことから，同社にはビジネスプランナーという職種を設置している。パートナーである小売事業者とともに消費者の変化を考え，新しい価値を創造するという役割である。製薬企業は薬を販売するだけではなく，医薬情報担当者として医師とともに医療業界の発展のために事業開発を行うというスタンスをもともと持っていたことがこの職種を設置する源である。ビジネスプランナーは，GMS，ドラックストア，病院，介護施設，学校などとつながりを持ち，そういったさまざまな地域のステークホルダーとともに地域の健康を創出している。

③ 需要創造に向けて

　需要創造をするために取り組むべきことは，①顧客と共感・共鳴できる関係性の構築，②顧客の声に基づく早期市場投入と改良ループの高速回転，③コト×モノによる組織デザイン，④顧客理解を深める組織風土の醸成，⑤需要創造のための組織形成，の5点である。

1　顧客と共感・共鳴できる関係性の構築

　味の素冷凍食品の事例で触れたように，需要を創造するには顧客との関係性を再構築しなければならない。つまり，売り手と買い手という対立構造を見直し，顧客を理解して共感・共鳴できる関係性を築くことが求められる。

　味の素冷凍食品が実施したナラティブマーケティングは，顧客を中心とした物語をつくるということである。売り手と買い手という関係性では主人公は売り手だが，顧客（買い手）を中心に考えて物語を組み立てれば，共感・共鳴するような関係性を構築し得る。同社は，餃子を調理して食卓に並べるという一連の行為を消費者との共同作業とし，消費者の代わりに大きな手間となる部分を担っているということを，消費者を主語に据えた物語として伝えた。それゆえ，消費者が物語に強く共感・共鳴できるというわけである。SNSで多くの「いいね！」を集め，工場の動画は再生回数90万回に上った。

　売り手が主語の物語は，顧客（買い手）にとっては非常につまらないものである。それを顧客を主語とした物語に組み立て直し，うまく展開できれば顧客との共感・共鳴は大きくなる。顧客の視点に立った双方向かつ能動的なコミュニケーションには，SNSや動画サイトなどのWebメディアが非常に重要な役割を果たす。「顧客が解決したい課題はどのようなことか」「顧客はどのような生活を実現したいのか」を考えるとよい。その際，「ともに解決する」，つまり顧客・消費者と同じ目的を持って同じ船に乗っている感覚を抱いてもらうことが大事だ。前述したように，消費者のTwitterでの発言に即座に反応すること

で消費者との距離感が一気に縮まったのも，その一例である。

　これは BtoB においても同様である。昨今，BtoB の企業においても，顧客とは売り手と買い手という関係性からともに課題解決をしていくという関係性への転換が求められている。そのため，多くの企業でカスタマージャーニーの検討がなされている。リコージャパンでは，顧客が3D プリンタを検討するプロセスをともに考えることでサポートしようとしている。展示会や，技術者が読むような業界専門誌などから得られる情報を提供するとともに，製品の設計部門の技術者にどの3D プリンタを選んだらいいかを相談できる環境整備をしている（**図表1-1**）。

　特に，3DCAD を未導入な顧客にとって，3D プリンタを導入するメリットは，実際に導入してみなければ分かりにくいものである。これに対してリコージャパンは「RICOH Rapid Fab」という3D プリンタのショールームを設け，技術者による対面相談や3D プリンタを体感できるスペースを用意している。この

図表1-1　リコージャパンが描く3D プリンタの購買パターン

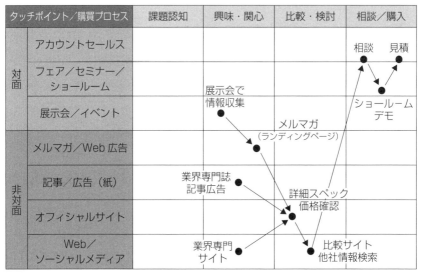

（出所）　リコージャパン Web サイトより作成
　　　　https://drm.ricoh.jp/event/report/r00005.html

ように顧客の悩みを理解し，「販売するのではなく，ともに悩みを解決する」というスタンスをとることと，双方向かつリアルタイムなコミュニケーションの活用がますます求められている。

2　顧客の声に基づく早期市場投入と改良ループの高速回転

　アイリスオーヤマの事例からの示唆は，市場への早期投入および顧客の声に基づいた改良ループの高速回転である。

　クラウドに製品がつながるようになった現在，スタンドアローンでは製品の価値は非常に限定的になってしまう。クラウドに接続された製品は常にデータをアップロードし，学習していく。たとえばソニーグループが展開する「aibo」もスタンドアローンではなく，クラウドに接続されることによって学習を重ねて賢くなり，ユーザー側の愛着も増すのである。

　かつては，製品は新品が最も価値が高く，減価償却をしていくものであったが，新品ではなく，データが蓄積され学習していくにつれて製品の価値が増大するという逆カーブを描くというビジネスモデルの違いを事業者はよく理解しておきたい。これはつまり，売り切り型のビジネスモデルでは顧客のニーズを実現できないということである。

　これからは，アイリスオーヤマの事例で紹介したビジネスモデルが中心になっていく。顧客が製品を使い始めた瞬間からその声を拾い上げて顧客体験（CX）を解析し改良するというサイクルを高速で回していく。この高速回転が需要創造の重要なポイントとなっている。

3　コト×モノによる組織デザイン

　需要創造において重要なのは，製品の枠を超えることである。製品（モノ）だけでなくコトとの組み合わせによってCXを創造するのである。

　顧客が求めているのはモノではなく体験（コト）である。ドリルを購入する人が求めているのは，ドリルそのものではなく「効率よく穴を開ける」という体験である。工場内でコンプレッサーを購入する管理者が求めているのは，コ

ンプレッサーそのものではなく「工場の稼働に最適な圧縮空気を必要なタイミングで届けてもらう」ということである。こうした考え方は，従来の日本メーカーとは大きく異なる。

　そこで参考になるのがクラウドベンチャーの開発手法である。多くのクラウドベンチャーではカスタマーサクセスチームを設置している。カスタマーサクセスチームは，提供しているサービスをモニタリングし，CXの現状とのギャップを埋めながらサービスの定着度を高めるという役割を果たす。こうした考え方を取り入れ，製品デザインではなくCXをデザインできる組織を設計することが，顧客の成功へと導く非常に重要な機能となっている（**図表1-2，1-3**）。

　このように，顧客が製品を使い始めてから，事業責任者，デザイナー，エン

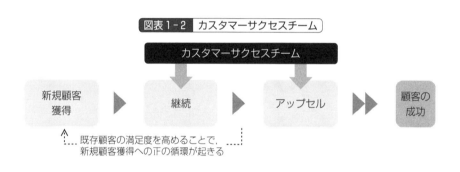

図表1-2　カスタマーサクセスチーム

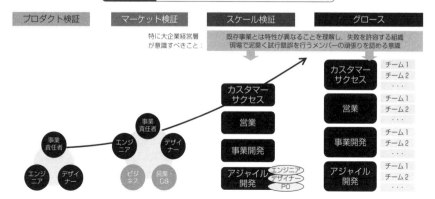

図表1-3　Saasローンチ後の組織体制の変遷例

ジニアがカスタマーサクセスチームとして一体となってアジャイルに改良を繰り返すことにより，需要を創造する。この活動データを蓄積して，組織の経験値を高めていくのである。顧客の下で泥臭く試行錯誤を繰り返しながら，顧客の理想へと近づける。特に製造業では，開発部門は品質に対する責任が頭から離れないため，製品中心の考え方から脱却できないし失敗を許容する風土にも乏しい。顧客とともに需要を創造するとは，モノ（製品）だけでなくクラウドサービスなどのコトを組み合わせて事業をデザインすることである。そこを理解した上で組織や事業開発のプロセスをデザインしなくてはならない。

　図表1-4に示したように，モノ（製品）を中心とした事業で重視されるのは製品の性能であり，いかに売り切るかということに価値が置かれた。このビジネスモデルでは，価値の創造過程をメーカーがすべて担い，製品の仕様を決定し，提供する。しかし，コト×モノによる需要創造のモデルでは，顧客が抱える課題の理解にその価値の源泉があり，データを蓄積しながら課題を解決するためのノウハウも蓄積していく。つまり，事業の価値はデータとノウハウの蓄積に置かれる。

図表1-4　モノ事業とコト×モノによる需要創造の違い

大項目	項目中分類	モノ事業	コト×モノによる需要創造
価値の源泉	事業の発想	製品の性能	顧客課題の理解
	収益の源泉	コスト低減	データ蓄積に基づく課題解決
	時間軸での価値の変化	時間とともに劣化	時間とともに増加
	コア技術	すり合わせ技術	IoTとデータ解析
価値の創出	顧客との関係	売り切り	継続的関係
	ROI	規模の経済	ネットワーク効果
	バリューチェーン	自社内垂直統合	エコシステムの構築
組織体制	意思決定	幹部による合議	データに基づく決定
	組織管理	ヒエラルキー	組織全体での目標共有
	人材育成	年功型	スキル重視（ジョブ型）

　コト×モノによる需要創造においては，顧客との関係性はより継続的になり，サービスは自社単独で提供するのではなく，顧客の課題を解決するためにエコシステムを構築し，他社と提携しながら推進していく。これを実現するための組織は，失敗を許容し，挑戦を大きく評価する風土でなければならない。つまり，ヒエラルキー型ではなく，組織全体で目標を共有しノウハウを蓄積できる体制の構築が必要となる。このような事業形態は，多くの日本企業が推進する，MBO（Management By Objectives：目標による管理）による期に一度の目標設定と振り返りによる評価にはそぐわなくなってきている。

　この事業形態に必要な評価・管理手法として OKR（Objectives and Key Results：目標と主な結果）が挙げられる。OKR は，目標とそれを実現するための主要な結果を組織のトップから担当者レベルまで連携して管理する手法である。OKR では，リーダーとメンバーのコミュニケーションにおける頻度と質を上げることができる。週次などの高い頻度でリーダーとメンバーがコミュニケーションを取ることで，着実に成果を上げていく仕組みを構築しなければならない。

4　顧客理解を深める組織風土の醸成

　販売から需要創造をするには，顧客に対する理解を深める組織風土の醸成が必要となる。ロート製薬の事例で紹介したように，社員 1 人ひとりがフラットな関係性であり，社員間のコミュニケーションを通じて世代や性別などの違いに常に関心を持ち，それぞれの考え方や背景などを理解する組織風土をつくるのである。

　組織間の壁を取り払うことも大切である。製品（モノ）を中心とした事業では，製品開発，販売，マーケティング，サービスといったバリューチェーンはそれぞれの担当部署が担い，それぞれが異なる KPI を設定して推進している。しかしこれでは組織間に壁ができてしまう。顧客自身が気づいていない需要を創造するという発想にはなりづらく，メーカーが自ら定めたスペックに基づいた製品企画，開発，製造，販売，サービスしかできない。顧客と価値を共創す

るには，ロート製薬の事例で紹介した，全員で製品を発案し，開発し，営業を
かけ，広報するという考え方が参考になる。そうした組織を構築するには，日
頃からの風土づくりが欠かせない。顧客を主語とし，部門・部署を横断した議
論などを実施して，壁を取り払っていくことが必要だ。

　コマツはブランドマネジメント活動において，重点顧客に対して組織横断で
適材適所に人が集まり，顧客を主語にした議論の展開などを通して，顧客に
とってなくてはならない存在になることを目指している（**図表1-5**）。これを
継続すれば組織間の壁は低くなり，いかに顧客に対する価値を創造するか，需
要を生み出すかという共通目標ができ上がる。そのためにすべきことは，活動
の発表や成果に対する共感・共鳴，また活動に対する納得感の醸成である。
トップが自社の組織風土を表明したからといって，すべての社員が素直に理解
できるものではない。トップの強いイニシアチブに基づく活動が重要な場面も
当然あるが，市場や顧客を主語とした活動を組織横断的に行い，組織風土を醸

図表1-5　コマツのブランドマネジメント活動

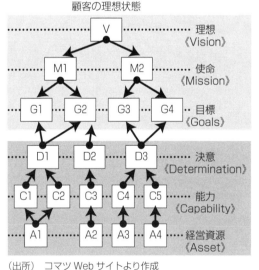

（出所）　コマツ Web サイトより作成
　　　　　https://komatsu.disclosure.site/ja/themes/93

成する。その継続でしか成果を生み出せないのである。

5　需要創造のための組織形成

　販売活動をする組織から顧客の需要創造をする組織への転換には，リソースの制約もあり多くの困難が伴う。そのため，転換を見据えた専門チームを組むという方法もある。

　たとえば，コマツが2021年に設立したEARTHBRAINいう会社は，建機を販売するのではなく，土木のデジタル化という新たな需要創造を推進するための組織である。そこにはITやベンチャーなどさまざまな企業から来た人が集まっている。コマツから出向してきた人材も多いが，組織風土はベンチャーのようであり，建機中心ではなく土木現場を起点に物事を考え，課題を提起し，土木のデジタル化という需要を創造している。こうした組織は，製造業にはいなかった人材を獲得できる反面，既存の事業リソースとの連携をどう進めるかといった課題も生じる。それを含めながらも，これこそ今の日本企業に求められる形の１つではないだろうか。

　社内で需要創造をできなければ，ベンチャーに出資し，自社の製品事業と切り離して推進するという方法もある。むろん，トップのコミットメントが必要になるが，製造業がモノづくりにおける過去の成功体験から抜け出し，デジタル時代の需要創造に舵を切るには，社内にこれまでなかった文化を内包する寛容さが求められる。

　また，せっかく異文化を取り入れても，社内にインテグレーションすることで自社の文化に染めてしまっては意味がない。販売事業のサポート部隊となってしまっては，せっかく獲得した人材もすぐに去ってしまうだろう。市場起点で需要を創造する文化を尊重し，人材を育成することにより，製品（モノ）起点ではなく，クラウドサービス（コト）を起点に需要創造に取り組み，そのノウハウを高めていきたい。

　日本の製造業にはいまだに製品（モノ）による成功体験が強く残っているが，販売から需要創造へと軸足を大きく転換するには，組織風土を醸成しながら転

換を可能にする機能の充実を図ることが望ましい。

（参考文献）
・本田哲也「冷凍餃子の「手間抜き論争」がバズった理由―「企業と生活者が共に紡ぐ物語」のつくり方」東洋経済オンライン（2021/05/17）
　https://toyokeizai.net/articles/-/427621?page=4
・ImpressWatch「ロボットで DX 化　ソフトバンクとアイリスオーヤマ資本提携」（2022/02/03）
　https://www.watch.impress.co.jp/docs/news/1385659.html
・Bloomberg「ソフトバンクが描く「配膳ロボット」の未来，日本が先駆ける新市場」（2021/04/27）
　https://www.bloomberg.co.jp/news/articles/2021-04-26/QQWYUPDWRGG001
・ITmedia「アイリスオーヤマが「2021年ヒット商品ランキング」を発表！　家電&ホーム部門もっともヒットした商品は？【2021年最新版】」（2021/11/19）
　https://www.itmedia.co.jp/fav/articles/2111/19/news143.html
・味の素冷凍食品常務執行役員　伏見和孝氏インタビュー
・アイリスオーヤマ，アイリスロボティクスインタビュー
・ロート製薬インタビュー

第 2 章

売り切りからリカーリングへ

①　売り切りモデルの限界

　製品が普及していく時期であればそのクオリティの高さで販売を進めることもできたが，多くがやがてコモディティ化してしまうと，売り切り型のビジネスモデルは限界を迎える。また，予測不可能な市場環境，製品そのものより効用や顧客体験（CX）を望む顧客ニーズの変化，IoT などによる ICT の進歩，といった要因が，売り切りモデルを一層限界に直面させている。こうした売り切りモデルの限界について，①製品のコモディティ化，②予測不可能な市場環境，③顧客ニーズの変化，④ ICT の革新，に分けて述べる。

1　製品のコモディティ化

　既に製品が行きわたっている状況では，機能をいくら追加しても顧客の購買意欲を刺激することは難しい。それに加えて中国企業が市場に参入してくるとコスト競争に入ってしまい，その製品領域はレッドオーシャン化することが多い。そのため，製品そのものではなく，競争のフィールドを顧客の効用や体験など，新しいところに移していくことが必要となる。

2　予測不可能な市場環境

　現在は，VUCA（Volatility：変動性，Uncertainty：不確実性，Complexity：複雑性，Ambiguity：曖昧性）の時代といわれているように，市場環境は予測不可能である。新型コロナウイルス感染症によるパンデミック，米中摩擦，ウクライナ侵攻などの影響で，サプライチェーンは極めて不安定になっている。
　特にコロナ禍はサプライチェーンを不安定にする大きな要素となった。港湾関係の労働者によるコロナ感染などもあり，船の手配や貨物の荷下ろしなどができず，ありとあらゆる部品が入らないという状況が続いた。また，米中関係の問題から半導体が世界的に不足し深刻な影響が出ているのに加え，ウクライナ侵攻も続いており，ロシアやウクライナに依存していた農作物やパラジウム

などの希少資源が入らなくなるなど，サプライチェーンは混迷を極めている。こうした状況で製品事業だけで収益を構成していると，業績が不安定を極める恐れがある。

3 顧客ニーズの変化

製品のコモディティ化により，顧客のニーズは製品そのものではなく，そこから提供される便益，CX に一層シフトしている。そんな中，売り切りモデルではサービス導入後の顧客の悩みは把握できない。多くの日本企業では，製品に関してマーケティング部隊と販売部隊とアフターサービスの部隊は別々である。そのため，同じ製品の保守サービスでも顧客がそれをいつどこで使用したかによって，担当部署が分かれてしまうのである。

しかしながら，導入後，どのような価値や CX を提供しているのかがむしろ重要なのである。現行，仮に顧客と保守サービス契約を交わしていたとしても，顧客情報を営業やマーケティングに活かし切れていない。もちろん，保守契約満了や製品が寿命に達しているなどの明らかな営業機会には利用されるが，顧客がどのような機能をよく使っているか，ニーズがどのように変化しているかといったことは把握されておらず，大きな機会ロスとなってしまっている。

4 ICT の革新

ICT の進化によって，以前に比べてできることが格段に増えた。たとえば，製品にセンサーをつければさまざまなデータを収集でき，そのデータを分析すれば新たなニーズや課題が見えてくることもあるだろう。あるいは機械の挙動を管理して，予兆保全につなげることもできる。

昨今は CBM（コンディション・ベースド・メンテナンス）というシステムを組み込む企業も増えている。これにより，定期保守から遠隔診断，予兆診断などの際，必要なときだけスタッフを派遣するというスタイルに変わり，サービス効率のアップにつながっている。また，サービス効率を上げるだけでなく，取得したデータをマーケティングに活用することもできる。サービス提供側が

想定していた機能を顧客が実際はどのように，どの程度使っているのかという分析が可能となった。このように，データ取得に加え，技術の進歩に伴って実現できることが増えたため，想定と実際との差分を把握して機能の改良を続けることもできる。

ところが，売り切りモデルは製品起点で顧客を捉えるため，顧客に対する理解が深くならない。実際に営業担当者と話していて，顧客を極めて限定的にしか理解していないと感じることがある。そのようなビジネスモデルでは，顧客と継続的な関係を築くことはできない。

今，求められているのは，顧客と太くつながる関係性をつくることである。そのために，思考の起点を製品ではなく CX に置くビジネスモデルへと転換していかなければならない。

リカーリングモデルはまさしく，顧客と太くつながることで成立するビジネスモデルである。売り切りで終わるのではなく CX を高めていくことを中心に据えており，必然的に顧客とつながり続けるのである。日本企業も，続々とこのリカーリングモデルにシフトし始めている。

② 企業事例

売り切りモデルの弱点を克服するリカーリングモデルの構築に成功した先進事例として，フェンダー，メニコン，ダイキンを取り上げる。

1 フェンダー

(1) 企業概要

フェンダー（Fender Musical Instruments Corporation）は，世界初のギター，ベース，アンプ，その他関連機器を製造するメーカーである。本社は米国アリゾナ州スコッツデールにある，音楽業界の名門企業である。1946年に創業し，ロックからカントリー，ウエスタン，ジャズ，リズム＆ブルースなどその適用

範囲も広く，同社製品は世界中の音楽愛好家およびプロフェッショナルに愛用
されている。

(2)　クラウドサービス「Fender Play」

　エレクトリックギター市場において，フェンダーの悩みは「いかに中長期に
わたって安定した収益を上げるか」「顧客との中長期にわたる関係性を構築す
るか」であった。そこで同社では「Fender Play」というクラウドサービスを
提供することとした。

　Fender Play は，初心者をターゲットとしたオンラインの学習システムで，
インターネットにアクセスできる環境があれば，ギターの学習を即日始められ
るというサービスである。タブレット，スマートフォン，パソコンなどから新
規会員登録をすると30日間無料でトライアルの受講が可能であり，いつでも
キャンセルできる。無料トライアル後の料金は月額9.99ドルである。

　ユーザーは会員登録をすると，数百もあるレッスン動画から好きなものを選
び，視聴することで，たとえばギターのコード，リフといった基礎を学ぶこと
ができる。

　このサービスは，会員登録したユーザーがいかに飽きないで学べるかに対す
る工夫に満ちている。登録の際，学習したいギターの種類，ジャンルなどの質
問に答えることが必須なのだが，こうした個人情報を基に登録者が飽きないよ
うなカリキュラムを組む工夫をしている。これは，ギター初心者の最大の課題
が「継続」にあるという考えから発している。初心者がギターを購入してもほ
とんどの人がすぐ挫折してしまうのは避けて通れない問題であるが，これは同
社にとって大きな市場喪失であるからだ。

　教材には音楽の習得に役立つ曲を厳選しており，U2やローリング・ストー
ンズといった著名なアーティストの楽曲を学ぶことができる。また，課題曲は
受講者のレベルに応じてアレンジしてあり，それぞれのレッスンの進捗に合わ
せた教材が提供されるようになっている。

　学ぶ方法としては，たとえば対面レッスンは場所や時間の制約があり，通わ

なければならないことが継続の大きな障壁になってしまう。加えて，ほかの生徒と一緒に受けるレッスンは，自分の腕前に自信がなければ気が引けてしまったり，逆に，自分が周りより上手であれば，レッスンにもどかしさを感じてしまったりで続かないこともあるだろう。一方，個人レッスンは高額なので経済的負担が伴うことからやはり続けにくくなってしまう。

　そういった課題も Fender Play は解消する。学びたいときに好きなように学べることは，継続するための障壁を大きく引き下げる。カリキュラムは，カリフォルニア州のソートン音楽学校やミュージック・インスティテュートハリウッド校などで使われる信頼されている音楽プログラムで，音楽教育アドバイザーによる制作委員会と共同して制作されており，初心者が飽きることなく入り込めるように設計されている。

　2019年，同社 CEO のアンディ・ムーニー氏は次のようにコメントした。「ギターを購入して始めた初心者のうち，90％の人が1年以内に挫折してしまう」。もしこの人たちが継続していたら，同社のギターを追加して購入していたかもしれない。それだけで市場は大きく広がるという発想が根底にあるのだ。

　また同社は，TikTok の公式アカウントを開設している。これは，動画共有サイトで教材用コンテンツを提供するためだけでなく，ギターを楽しむ人々の間でそれぞれの腕前を披露し合う場ともなっている。今や，スマートフォンを使えば誰でも簡単に動画を撮影できるので，演奏会を開くなどの手間をかけずに気軽に自分の演奏を投稿したり，誰かの演奏を視聴して楽しんだりできる。こうしたことも，ギターを学びたいという市場をさらに広げているのである。

　このように同社は，ギター初心者の心理的障壁を引き下げるために，さまざまな楽曲を選び，学ぶ場所の自由度を高め，時間的制約を取り払うという，極めて自由な環境を提供した。そしてそれ自体がサブスクリプションサービスとして収益を上げていると同時に，ギター市場の拡大にも大きく寄与している。もちろん，同社の業績にも大きく貢献している。

　パンデミックの影響で自宅で楽しめるギターの市場は拡大した。同社の発表によると，パンデミック前の業界成長率は10％程度だったのに対して，2021年

の同社の売上は2020年度比35％の成長であるという。しかもさまざまなサプラ
イチェーンの問題があり，本来であればさらに高い成長率を実現していたはず
とのことである。リカーリングモデルはこのように，新たなサブスクリプショ
ンサービスと同時に，ハードウエアの市場を拡大する効果をもたらしている。

2　メニコン

(1)　企業概要

　メニコンは，名古屋市に本社を置くコンタクトレンズ事業などを営む製造業
である。1951年に創業し，海外14カ国に事業展開している。2020年度の売上高
は862億円，営業利益は81億円である。

(2)　コンタクトレンズの定額制「メルスプラン」

　メニコンの創業者である田中恭一氏は，1951年に角膜コンタクトレンズを開
発して以来，患者の目のことを第一に考えた事業を展開してきた。その後，同
社はハードコンタクトレンズを開発し，日本におけるコンタクトレンズ市場の
パイオニアとして業界を牽引している。

　このように同社が切り開いてきた国内のコンタクトレンズ市場であるが，
1990年代に入るとディスカウントショップが増加し，市場が急激に成長すると
同時に，市場のトレンドが「高品質・安全」から「簡単・便利・安価」へと移
り変わった。それまで高度管理医療機器であったコンタクトレンズは日用品化
し，誤った使い方による目の障害が増加した。

　当時，コンタクトレンズは1〜3年と長く使うものであった。コンタクトレ
ンズの普及に伴い，価格競争が激しくなり，ユーザーのサポートが疎かになっ
ていった。さらに使い捨てレンズが国内に上陸してくると，ユーザーのレンズ
の扱い方も一層ルーズになっていった。新たに購入すると経済的負担がかかる
ため，多少調子が悪くても使い古したレンズで我慢してしまうという人が増え
てきたのである。その結果，目に不具合を感じるユーザーが増加した。

　やがて利益の上がらないメーカーは商品開発に十分な資金を投入できなくなり，小売店は低価格だけを売り文句に販売するようになった。ユーザーに対する使用法の説明はますます疎かになり，さらなる目の障害の要因となるなど，どんどん悪循環に陥っていった。健全な形のビジネスは失われ，同社の得意分野であった「高機能・高品質」なコンタクトレンズの市場は縮小し，それまで右肩上がりに成長してきた業績は一気に悪化した。

　現社長の田中英成氏は，取締役かつ眼科医としてこの状況を目の当たりにし，同社に限らずコンタクトレンズ業界全体の評価が下がることに強い危機感を覚え，ユーザーが金銭面に捉われることなく，安全に使える方法を模索した。そこで，高度管理医療機器として正しく使い続けてもらうために，コンタクトレンズのリスク開示をした上で購入後のユーザーサポートをビジネスとして展開することを考えた。

　同社は，ユーザーがコンタクトレンズを誤った方法で使うことにより，目に傷をつけたり，障害を起こしたりするこの状況が続くと，ほどなく業界全体が疲弊してしまうのではないかという強い問題意識を抱いていた。その状況を打開すべく何ができるかを真剣に考え，コンタクトレンズの定額制サービスという，業界では当時誰もやっていなかった新しいビジネスモデルを思いついたのである。それがメーカーのサポート・店舗・ユーザーの「三方よし」のプランとして考えた「メルスプラン」である。

　メニコンの発想は，継続的にユーザーの目のケアをするというコミットメント（ユーザーとの約束）の対価を受け取るというものである。ユーザーのライフスタイルや嗜好性に合ったコンタクトレンズを眼科医が処方し，月額1800円で利用できる会員制サービスにしたのである。

　同社はメルスプランでユーザーに安心・安全を提供した。レンズは常に最適な状態に保たれ，破損や近視の度数が変わった場合は新しいレンズに取り換えられるようにしている（**図表２-１**）。

　これは，コンタクトレンズを「買う」という発想からリカーリングモデルの「いかに快適に使い続けるか」という発想への転換である。メルスプラン導入

図表2-1 メニコンがマーケットに支持される仕組み

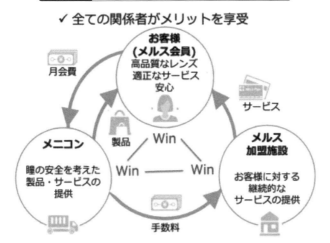

（出所） メニコン提供資料より作成

前は，商品はメニコンから販売店，そしてユーザーに流れ，キャッシュはユーザーから販売店，メニコンへと流れていた。これに対してメルスプランであれば，メニコンとユーザーは直接取引に，販売店には手数料が入るという仕組みとなる。ここで大事なことは，メニコンとユーザーが直接結びついたことである。それにより，メニコンはユーザーの情報を把握でき，ユーザーが店を選ぶ基準は低価格重視から安心・安全重視へと変わり，業界全体が価格競争から脱却した。

　こうして，ユーザーにも販売店にもメニコンにもメリットがもたらされるWin-Win-Winのビジネスモデルが構築された。この関係の構築はメニコンだけでなく業界全体に広まり，業界の健全な成長へとつながったのである。

　メルスプランは，創業者である田中恭一氏から2000年に田中英成氏が社長を引き継いでから本格的に始まった。メルスプランのサービス開始以降，その会員数は順調に増加し，2021年12月現在，134万人となっている。退会率は7％と低く，業界他社と比較すると圧倒的に継続率が高い。図表2-2を見ると分かるように，メルスプランを始めなければ同社は2008年のリーマンショックと

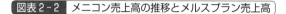

図表2-2　メニコン売上高の推移とメルスプラン売上高

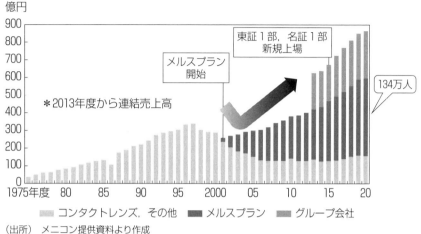

（出所）　メニコン提供資料より作成

その後の不景気，そしてデフレでどうなっていたか分からないという。

　現在，メルスプランは同社の売上の半分以上を占めており，同社に安定的な収益をもたらしている。また，潤沢なキャッシュフローを創出することでも企業経営を安定させている。前述の退会率の低さも安定した業績に寄与している（**図表2-3**）。

　こうしたプランを考えたのは，コンタクトレンズ業界では同社が最初だったため，普及するまでは苦労も多かったという。営業担当者は当初，一箱いくらのビジネスモデルと定額制のメルスプランとのユーザーに対する訴求する価値の違いに戸惑ったという。それでも，直営店や販売店に対して，安全・安心を訴求するメルスプランの考え方を粘り強く説明し続け，賛同してもらうことに多くの時間を割いた。

　このように新しいチャネルの啓発を進め，キャッシュフローを改善するメリットにも理解を得て，メルスプランは広まっていった。それはユーザーに対する提供価値が，価格競争が業界でまん延していた頃の「もったいない，無理して使えばコンタクトレンズの費用が抑えられる」から，「きちんと早めに交

図表2-3 メニコンにおける「メルスプラン」のキャッシュフロー

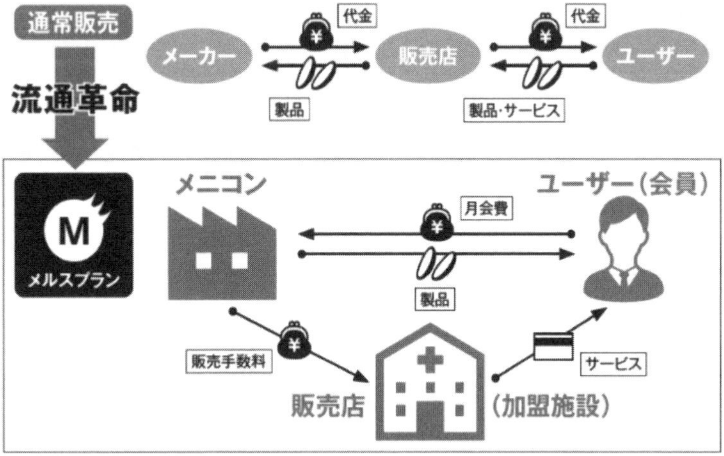

（出所） メニコン提供資料より作成

換し，目に対する安心と安全を保つ」という CX に変化したということを表している。

　また同社は，コンタクトレンズ業界にその後出てきたほかのサブスクリプションモデルとは明確な差別化をしている。メルスプランは月額費用のみで，コンタクトレンズの提供箱数に制限を設けていないのに対して，他メーカーは定期配送で一年間の送付量が決まっているケースが多い。つまり，メルスプランは価格訴求ではなく，きちんとレンズ交換をすることで目の安心・安全を訴求しており，それが消費者から圧倒的に支持を受けているのである。

　同社にとって，今後のメルスプランの成長・発展シナリオにおける課題は，デジタル対応の強化である。現在は実店舗で目の状態を見て案内する，というのが入会までの流れであるが，最近ではコンタクトレンズをオンライン購入する人が増えており，オンラインとオフラインをいかに融合させるか，ネット購買をメインとしているユーザーに安心・安全の CX をどう広めるかに取り組んでいる。

　その意味では海外展開も大きな課題だ。日本とは環境がまったく異なる海外

市場で，同社が重視している安心・安全の CX をいかに伝えていくかがポイントであろう。

3　ダイキン

(1)　「Air as a Service」発案の経緯

　三井物産とダイキンの100％子会社ダイキンエアテクノは，共同でエアアズアサービス（AaaS 社）を設立し，2017年12月から快適な空調を提供する「Air as a Service」を開始している。AaaS 社のサービスコンセプトは，空調施設における施設のオーナーの管理負担を取り除くことである。オーナーに代わって設備の設置・所有をすることで，施設の利用実態を分析して最適な形で空調を提供するという運用管理サービスを月額固定料金で提供している。これにより，顧客（オーナー）は管理業務から解放され，快適かつ省エネルギーな空調空間を獲得できるというものである。

　この事業は，15年，ダイキンエアテクノに三井物産の ICT 事業本部から声がかかったことから始まった。「モノ」から「コト」，つまりサービスへとシフトする中，新しい事業モデルを構築したいと考えていた三井物産 ICT 事業本部は，ゼネラルエレクトリック（GE）やロールスロイスなどの IoT による事業モデルを参考に，同じようなビジネスモデルを構築できないかと考えたのである。そして，顧客の管理負担と同時に環境負荷も軽減するという，売り切るのではなく顧客と IoT でつながり続けるビジネスモデルを構築しようとした。

　一方で，こうしたサービスを実現するのは IoT の技術とファイナンス機能を組み合わせないとなかなか難しい。そこで三井物産は ICT 機能とファイナンス機能を提供し，ダイキンエアテクノは空調技術と空気の最適化に関する専門知識を提供し，それらを組み合わせることで事業開発をしようと考えたのである。

　AaaS 社設立時はダイキンが10％，三井物産が90％の出資比率であった。その後，事業の成長に伴い，ダイキンエアテクノが出資比率を高め，22年 4 月現

在49%となっている。

(2) AaaS 社のリカーリングサービス

　AaaS 社は，マーケットを快適な空調ニーズ・空調の稼働保証ニーズの強さ，年間の空調稼働時間というキーワードで四つのセグメントに分類し，そのどちらも高い市場をターゲットとした。そこには病院，老健・福祉施設，宿泊施設などが入っていた（**図表 2 - 4**）。

　2022年 4 月現在，「Air as a Service」の導入実績は約40施設にまで広がっている。その中では病院が最も多く，続いて，老健・福祉施設，ビル，工場などとなっている。導入されている施設の特色は，空調の運転時間が長く，患者や働いている人々の空気の品質に対するニーズが高いところであり，当初狙いとした顧客への展開が進んでいる。こうした施設では，突然の空調の故障に悩むケースが多いため，同社では，顧客の省エネルギー・省コスト実現を訴求して

図表 2 - 4　ダイキンがターゲットとする市場

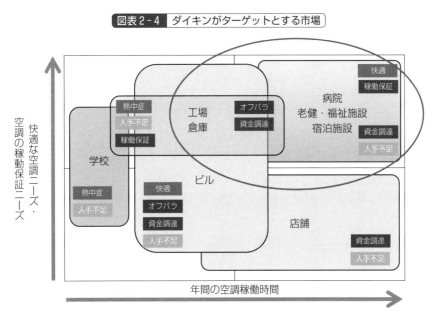

（出所）　ダイキン提供資料より作成

いる。昨今では地球温暖化の影響から猛暑に対する脅威が強く，空調が故障などで動かなくなることへの不安が大きい。またメンテナンスにおける慢性的な人手不足などに総合的に対応できるサービスモデルとして開発を行った。料金は月額とし，ワンストップでサービスを受けられるようになっている。

「Air as a Service」は，省エネルギーで快適な空調環境を提供するため，人を中心に考え，IoTを活用して空調を効率化・最適化した。顧客との間でパートナーシップを構築し，現状調査，空調設備の設置，IoT対応を進める。これにより，通常，設備担当者が実施する導入資金調達，各種保険，税対応計画の策定といったことが必要なくなる。同社が事前の計測とヒアリングを実施し，最適機器の選定・設計・修理・保守計画を立て，初期費用や修理費用がかからず，利用料金のみのワンストップサービスを提案している。資産はオフバランス化され，ワンストップのサブスクリプション料金で遠隔自動点検や予兆保全までAaaS社が請け負ってくれる。

同社が空調稼働データを解析し，最適機器の選定，遠隔保守などをすることにより，エネルギーコストも含めた最適なオペレーションとなり，顧客の無駄を排除し，最適なコストでサービスを提供できるのである（**図表2-5**）。

同社は，サービス開始に当たって，売り切りモデルと保守を含んだリカーリングモデルとの費用対効果のバランスなどを設計するため100件ほどの提案活動を行い，顧客への訴求の仕方に関する研究を重ねた結果，ビル用マルチエアコンに狙いを定めた。「Air as a Service」は，ダイキン製パッケージ空調，つまりビル用マルチエアコンによるサービスであり，冷暖房の熱をつくる装置，使う装置，コントロールする装置はすべてダイキングループ内で完結しているため，室内環境の保障が可能である（**図表2-6**）。

一方，大規模ビルのセントラル空調だと責任が分散してしまい，原因特定のための調査に時間を要し，サービスモデルとして提供しづらいと考えた。パッケージ空調であればワンストップで提供できるため，サービス品質を担保できると考え，サービス対象を中小規模ビルに絞っている。

同社では，サービスを開始してからプリセールスには大変労力をかけた。顧

図表2-5　エアアズアサービス（AaaS社）のサービス内容と所有から利用によるメリット

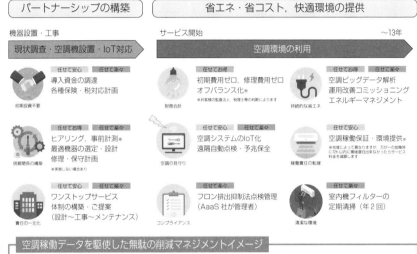

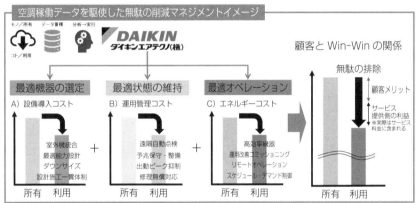

（出所）　ダイキン提供資料より作成

　客が現状の空調環境に抱えている不満などに関する調査や空調機器計測などの準備を入念に行う必要があったからだ。その準備が不十分だと差別化できる提案はできない。そのため，ダイキンエアテクノとAaaS社のエンジニアが顧客の空調環境に関する悩みを効率的に分析できるようにしている。顧客の悩みは顕在化されている省エネルギー・省コストだけでなく，猛暑，熱中症における空調の重要性の増大，慢性的な人手不足，管理の手間の増大からくる所有から

図表2-6　「Air as a Service」の空調システム構成

<空調システム構成について>
AaaSは，ダイキン製パッケージ空調（ビル用マルチエアコン）によるサービスのため，冷暖房の熱を作る装置，使う装置，コントロールする装置の全てをダイキングループで完結できる。

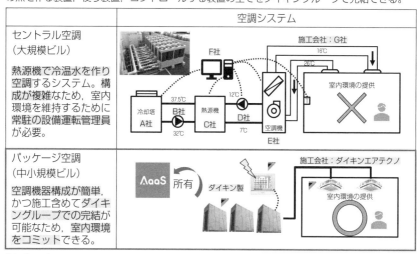

	空調システム
セントラル空調 （大規模ビル） 熱源機で冷温水を作り空調するシステム。構成が複雑なため，室内環境を維持するために常駐の設備運転管理員が必要。	施工会社：G社　16℃　26℃　室内環境の提供　✕ F社　37.5℃　12℃　冷却塔 A社　B社　熱源機 C社　D社　空調機 E社　32℃　7℃
パッケージ空調 （中小規模ビル） 空調機器構成が簡単，かつ施工含めてダイキングループでの完結が可能なため，室内環境をコミットできる。	AaaS 所有　ダイキン製　施工会社：ダイキンエアテクノ　室内環境の提供

（出所）　ダイキン提供資料より作成

利用へのニーズといった潜在的な悩みなど多岐にわたる。

　また，販売はAaaS社が中心になって推進しているが，ダイキンの営業部門の紹介による販売も多い。顧客への訴求ポイントは，データを取り続けることにより，止まらない空調，最適化されたエネルギーマネジメントなど，機器と運用管理をワンストップで提供できることである。

　このように「Air as a Service」を展開することにより，ダイキンと顧客との距離は圧倒的に近くなった。従来の売り切りモデルでは，代理店が空調を販売し，ゼネコン，サブコン，その下請けの設置業者が設置をする。ダイキンは代理店に販売するため，顧客との直接の接点はなかった。それがAaaS社では，設計，施工，保守，エネルギーマネジメントがワンストップで提供されることとなり，顧客と直接つながるビジネスモデルに転換されたのである。顧客の利用データも蓄積分析でき，より最適かつ省エネルギーに貢献できる空調環境の

提供が可能となっている。

　このような事業展開の成果として，「Air as a Service」は導入顧客から高い評価を得ている。何よりも空調への不満が解消されたという声が最も大きい。空調に対する需要は温暖化などで高まっており，特に病院など空調がミッションクリティカルである設備においては，IoT による予兆保全や安定稼働などにより安心感と満足度を高めている。また，設備を管理する人材が不要となるなど人手不足を解決し，省エネルギーに関しても電気代の削減，突然の修理費が必要なくなるなど，さまざまな評価の声が上がっている。

　空調を売り切るビジネスモデルからリカーリングモデルへとシフトし，人材に求められるスキルが大きく変化した。コンサルタントとして，顧客の使用環境を分析して理解する人材がますます求められる。また，事業におけるデジタル技術活用の必要性が高まっており，空調の設備コストを事前に計測しておくことが不可欠である。

　売り切り型のビジネスモデルは，故障停止時に影響する範囲を最小化するため，系統を細分化するような設計にする。リカーリングモデルの「Air as a Service」では，系統の統合（モジュール化）や最適容量選定（ダウンサイズ）を推奨し，導入コストも削減した提案を行うことで安定したサービス提供を実現している。こうしたイニシャルコストの低減と快適な環境づくりの独自設計には，より高い提案スキルが求められる。その分析手法についてはダイキンのオープンイノベーション拠点である TIC（テクノロジー・イノベーションセンター）が効率化ツールを作成し，分析の工数を削減するなどして，通常 2 日かかっていた分析作業を 2 ～ 3 時間でできるようにするなどの工夫も行っている。

　このように，ダイキン，AaaS 社は，リカーリングモデルに事業をシフトして顧客との関係性を強化し，CX を革新することで，より高いレベルのサービスを提供しようとしている（**図表 2 - 7**）。

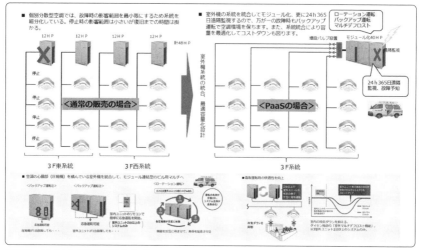

図表2-7　ダイキンにおけるイニシャルコスト削減と快適な環境づくりのための独自設計

（出所）　ダイキン提供資料より作成

③　リカーリングモデルの構築に向けて

　リカーリングモデルの構築に向けて，①行動変容を起こすマーケティング，②組織の KPI 設計，③導入後の活用促進による提案力の強化，の３点が必要である。

1　行動変容を起こすマーケティング

　②で触れたとおり，メニコンは消費者の行動を大きく変えた。価格に敏感な顧客の行動における意思決定の基軸を安全・安心に切り替えたのである。それは，定額使い放題という分かりやすいメニューにすることと，目に関する健診と使い放題の組み合わせによる安心感から，消費者が抱いていた目の健康に対する不安に強く訴求することとなった。

　かたやフェンダーは，ギター特有の「一台目は購入しても趣味として継続す

る確率が少ない」という状態に鑑み，自分のペースで，好みの楽曲を，好きなときに練習できるシステムを設け，消費者の行動を大きく変えた。また，Tik-Tokの公式アカウントを開設し，演奏仲間だけでなく，会ったこともない世界中のギタープレーヤーと練習成果を共有したり，演奏会のような発表の場を設けたりするなど，個々の承認欲求に訴求したのである。

　このような行動変容を起こすマーケティングは，掃除ロボットの市場でも見られる。

　アイロボットジャパンは，コロナ禍によって消費者にどのような変化が起きたかについて，2020年5月下旬に実施したアンケートの結果を精査し，ライフスタイルや働き方の変化などによる在宅時間の増加からくる家事のストレスから消費者を解放し，よりよい「お掃除体験（CX）」を提供している。また，ロボット掃除機の市場規模を拡大するため，「おためし2週間コース」というメニューを用意し，ロボットの掃除効果に関する不安，主婦が抱きがちな良心の呵責などの障壁を打ち破っている。

2　組織のKPI設計

　現在，営業担当者のKPI（重要業績評価指標）は，製品の売上金額であるというケースがほとんどだろう。これでは，目的は製品を売り切ることになり，その後への関心は薄くなる。もちろん個人差はあり，営業担当者によっては顧客のサービス導入をきっかけに関係を強化するため，運用面含めさまざまな相談に乗るようなケースもある。しかしながら，一般的には常に販売のターゲットを探す売り切りモデルの営業スタイルでは，購入後の顧客の変化・声を集め切れない。

　むしろ，企業にとっては，顧客と接点を持つ人材リソースをどう評価するかということがポイントになる。CXをどう変えていくかということにウエートを置くと，ハードウエアは販売後の方が大切である。むしろ，製品の使用など含め，CXがどう変化していくかを測るようなKPIを設定することが望ましい。

　KPIは当然，大きく変わる。リカーリングモデルの顧客がどれだけ増加して

いるか，顧客の脱落はないか，NPS（ネットプロモータースコア：顧客ロイヤルティを測る指標。企業やブランドに対してどれくらいの愛着や信頼があるかを数値化したもの）など，顧客がその体験を好意的に捉え，周りの人に推奨したいと思えているのかについて調査し，把握しておかなくてはならない。

　また，KPIの変革は営業組織にとどまらない。以前は製品設計，開発，生産，マーケティング，販売，サービスと，それぞれの組織が異なるKPIを管理していた。ところが，こうしたバリューチェーンを通して，顧客のカスタマージャーニーに一層フォーカスしたKPIを，組織横断で見ておくことが必要だ。月ごとのリカーリング収益，新規顧客獲得数，顧客離脱率（数），NPSなどを把握した上で，バリューチェーン全体でリカーリングモデルの収益を高めようとするマネジメントの実現を目指すべきである。

　そうすると営業組織のマネジメントのやり方も大きく変わる。過去のパイプライン管理から，顧客の課題を正しく把握できているかを重要視するようになる。過去，営業組織の改革がうまくいかなかったケースは，マネジメント層がマインド面を変革し切れなかったことがほとんどである。たとえ若手の営業スタッフが高い変革マインドを持っていたとしても，マネジメント層に従来の方法論への執着があると，顧客の課題に関する議論にフォーカスし切れない。

　前線の営業スタッフが顧客の課題に根ざした提案を進めようとしても，「今月は何台クローズできるのか」などと，より直接的な関心で接してこられては従来の売り切り型の営業スタイルから離れられなくなってしまう。評価体系も以前のままなので，変革は立ち消えになるということを繰り返している。この負のループから抜け出すには，評価体系を大胆に変える必要がある。

　売上は結局，結果指標でしかない。いくら売上を眺めていても，顧客との関係性構築につながるようなヒントが見つかるものではない。顧客との関係性を太く長く持続できるようにするためにも，評価対象について組織としての明確なメッセージを出すべきである。

3 導入後の活用促進による提案力の強化

リカーリングモデルを強化する際に重要な視点として，組織としての提案力強化が挙げられる。リカーリングモデルにおいて大事なことは，導入後の CX をしっかりとフォローしていくことである。それにより，もともと考えていた CX を提供できているかどうかについても明確に見えてくる。もし足りないところがあれば要因を分析し，迅速に改善に努める。

リカーリングモデルは，顧客にサービスを導入してもらってからが本格的なマーケティングの機会であるといえる。導入後のさまざまなデータを蓄積できていれば，それを基に使い方に関する提案やクロスセルによりさらに顧客の活用体験を高める提案もできるだろう。想定ほど使われていない機能があれば，その要因を分析して改善していかなければならないし，顧客が望んでいる機能になかなかたどり着けないのであれば，インターフェースの改善が必要なのである。

第1章「販売から需要創造へ」で述べたカスタマーサクセスチームは，まさしくこの機能を担うものである。顧客が使い始めてから，事業責任者，デザイナー，エンジニアが一体となってアジャイルに改良を繰り返すことにより，リカーリングモデルを定着させる役割を担う。こうした活動を継続することでデータを蓄積していくのであり，データが蓄積されていけば，組織としてのノウハウを高めることもできる。

導入前のコンサルティング能力，調査能力を高めるためにもこれは非常に重要なノウハウである。ダイキンの事例で見られたように，提案力は実際の導入とその効果を検証してはじめて明らかになる。そのため，仮説と検証を繰り返し，実際のデータを追いつつ効果を明確にすることが大事である。それが結果として，導入前の調査の進め方，導入後の効果を計測するための KPI 設計などの力につながる。

日本企業は売り切りモデルからリカーリングモデルにシフトすることで「稼ぐ力」を高め，顧客と価値を共創する力を高めていくことが，営業受難時代に

おいては必要なのである。

（参考文献）

・BUSINESS INSIDER「ギター需要が急増，フェンダーの売上高は過去最高に…オンライン学習システムも後押し」（2020/12/02）

　https://www.businessinsider.jp/post-224639

・「Fender's future is beginners, not rock gods」『FINANCIAL REVIEW』（2022/01/27）

　https://www.afr.com/chanticleer/fender-sfuture-is-beginners-not-rock-gods-20220126-p59re9#:~:text=Fender%2C%20which%20is%20owned%20by,35%20per%20cent%20in%202021.

・田中英成「業界の『キャッシュフロー』を逆に——会員制モデルに変えた新発想」『事業構想』2017 年 2 月号

　https://www.projectdesign.jp/201702/businessmodel-innovation/003404.php

・後藤文俊「米フェンダーのギター爆売れ——米流通が描くコロナ後の勝ち方」『日経ビジネス』（2021/10/25）

　https://business.nikkei.com/atcl/gen/19/00381/102000001/?P=2

・メニコンインタビュー

・ダイキン広報部インタビュー

・ダイキンエアテクノ，エアアズアサービスインタビュー

・ダイキン広報部提供資料

第 3 章

販売プロセスから
カスタマージャーニーへ

1　販売プロセスによる管理の限界

　現在，いまだに多くの営業部門で行われているのはパイプライン管理である。初回面談，課題把握，提案，クロージング，成約などによって自社の販売プロセスを管理する。これは販売見込み管理であるが，主語は自社であり顧客ではないので，常に自社中心的な会話となってしまう。製品をプッシュ型で販売していた時代にはこのような管理体系が合致していたが，顧客のニーズは大きく変化しており，今の時代とは合致しなくなってきている。

　そこで，①顧客視点の欠如，②購入後の議論の欠如，③部門間連携の欠如，④従業員エンゲージメントの問題，という4つの観点からその問題点を述べる。

1　顧客視点の欠如

　販売プロセスを管理していると，関心の中心はどのくらいの売上が上がるかであり，顧客ニーズの変化には無頓着となりがちである。「今，クロージング中の案件がいくつある」「来月はどれくらいの売上が見込めるか」といった会話は旧来の営業という行為がプッシュ型販売を使命としているため，不毛であるにもかかわらず，致し方ないともいえる。ドラッカーは「究極的にはマーケティングは営業を不要にする」と述べたが，商品が行きわたっている現在はモノがなかった時代と異なり，プッシュ型で売ることより顧客のニーズを創出することが一層重要である。つまり，販売プロセスではなく，顧客視点で考えたプロセスを構築しなければならなくなっているのである。

　しかしながら，現状の販売プロセス管理では企業側の視点で見込み件数などを管理するので，顧客視点が欠如してしまう。販売会議では顧客ニーズについても議論されているのであろうが，そもそも議論の切り口がパイプライン管理であるため，仮に顧客のニーズに変化の兆しがあったとしても，それが話題の中心にはならない。

　こうした状況において，顧客視点でのソリューション営業をしようとしても，

顧客に対する理解度が低いので定着するわけがない。顧客を主語にして語らなくては，いつまで経っても顧客の立場から物事を洞察する力がつかないのは当然である。

2　購入後の議論の欠如

　販売プロセスにおけるパイプライン管理の終着点はクロージングである。もちろん顧客に対するフォローアップもあるが，基本的には売上が上がればパイプライン管理は終了する。問題は，このような思考で管理をしていると，販売がゴールとなってしまうということである。こうした管理サイクルが，営業担当者を売り切り思考に陥らせているのである。その証拠に，サービス部門は営業部門とは別組織・別会社であることも多く，部門間の連携は属人にとどまることが多い。営業担当者が優秀で気が利くタイプであれば，顧客を訪問してサービスの状況などを確認するのだろうが，あくまでも属人的であり，組織として行われているわけではないのである。

　顧客のニーズというものはサービスを利用してはじめて出てくるため，顧客からは営業担当者よりサービス担当者の方が信頼されるものである。そもそも，サービス担当者には販売をしようという意識がない。仕事の領域が，顧客がそのサービスを安定したよい状態で利用できるようにすることであるからだ。

　顧客ニーズは購入後さまざまに変化するが，その変化こそが大事なのである。つまり，顧客を理解するということに販売前も販売後もないはずである。販売プロセスという提供側の視点を切り替えられなくては，顧客からの距離はますます遠くなってしまう。

3　部門間連携の欠如

　販売プロセス管理の会議は，仕切るのは営業部門長で，営業担当者が案件ごとの見込みを説明するという形態が一般的である。こうした会議は営業部門で閉じており，サービス部門やWeb部門，コールセンター部門の人材と議論する機会もないため，営業部門にとっての顧客接点に限定されており，顧客に対

する理解も深まらない。

　営業担当者が知らない顧客に関する情報をサービス部門やWeb部門がたくさん持っているにもかかわらず，それらが販売プロセス管理の議論に入ってくることがないというのは大きな機会ロスである。サービス部門やコールセンター，およびWeb部門への問い合わせは，顧客を理解するためのヒントの宝庫である。にもかかわらず，そこにアクセスをしないのは，顧客理解を自ら限定的なものとしてしまっているということである。

4　従業員エンゲージメントの問題

　顧客視点のソリューション営業を目指したとしても，前述したパイプライン管理では，結局いくら売れるのかということに議論が終始し，今月の数字達成に関心の中心が置かれる。月初めにソリューション営業といっていても，月末に近くなると数字の必達に追われる。これが営業組織の現実である。

　そうした組織に所属している若手からは，上長が結局いくら売れるかしか考えていないので，ソリューション営業を習得することができないという声もよく聞く。これは珍しい話ではない。パイプライン管理で，従来の販売プロセス中心に議論している限り，その矛盾は解決しないだろう。そのため，ソリューション営業に意欲的だった営業担当者も，月日が経つとともにパイプラン管理に慣れてしまい，自社視点で顧客を見るようになる。自社の都合と顧客ニーズは合致しないから，当初はその矛盾に苦しむが，慣れとは恐ろしいもので，結局は数字管理に邁進するのである。数字が足りなければ必死にクロージングしにいく，ということを繰り返していても人材は育たない。自己中心的な販売プロセスは，従業員のエンゲージメント（組織に対する愛着や思い入れ）レベルをむしろ下げてしまう。

　筆者も営業部門にいた時代，会議が最も不毛な時間だと思っていた。営業担当者にとって営業会議は，報告するだけで得るものが少ないからだ。営業部門長は部門としての着地（売上）がいくらになるかを把握しても，営業担当者ほど顧客のことを知らないため，目から鱗が落ちるようなアドバイスをすること

は難しい。営業担当者は情報を与えているだけ，という事態になってしまうため，優れた能力を持つ者ほどキャリアチェンジを考え始めてしまう。営業担当者のエンゲージメントの低下は，すなわち組織の競争力低下とつながるのである。

② 企業事例

先進事例として，ソニー，ソニー損害保険，パイオニア，DMG森精機について述べる。

1　ソニー

(1)　企業概要

ソニーグループにおいて，エンタテインメント・テクノロジー&サービス分野（ホームエンタテインメント&サウンドプロダクツ／イメージング・プロダクツ&ソリューションズ／モバイル・コミュニケーションズおよびその他の事業）を担う。同分野における2021年度の売上高は2兆3392億円。従業員は2022年4月1日現在，8500人である。

(2)　LinkBuds による新しいCX

ソニーの「LinkBuds」（リンクバッズ）は，耳をふさがずに周囲の音を聞くことができる構造になっており，同社の完全ワイヤレス型ヘッドホンとしては最小・最軽量で，つけていることを忘れてしまうほどの自然な装着感を実現している。また，小型化・軽量化を突き詰め，常時装着という新しい体験・使用スタイルをユーザーに提案している。

さらに，同社のセンサー技術や立体音響技術を活用し，オンラインとオフラインが融合した新しい音体験をユーザーに提供している。同社のこの考え方に共感した，たとえば，マイクロソフトや「ポケモンGO」のナイアンテックと

協業しているのである。

　この，オンラインとオフラインを融合し，リアルとバーチャルをつなぎ合わせた音体験は，新しい顧客体験（CX）である。たとえば，現実の世界にバーチャルな音を重ねると新感覚のエンタテインメントを実現できる。同社が有する音のAR技術を生かしたSound ARアプリケーション「Locatone」（ロケトーン）のヘッドトラッキング機能を生かし，音声を聞きながらユーザーの頭の動きなどに合わせてインタラクティブな体験を提供できる。また，ARゲームをプレイする場合でも，周囲の音とゲームの音が混ざり合ったサウンドを聞くことができるため，ARの世界をより現実に近づけることができる。同社には，前後左右から音がより立体的に聞こえる立体音響技術がある。この技術を生かし，ARゲームにおける立体感，臨場感を実現している。また，このプロジェクトのパートナーであるマイクロソフトには，3Dオーディオマップアプリケーション「Microsoft Soundscape」があるが，LinkBudsが持つコンパス，ジャイロセンサーと連携して頭の向きを認識したり，目的地の方向をビーコン音で認識したりできるため，耳をふさがずに周囲の音を聞き，施設や交差点などの音声情報をキャッチできるのである。こうした体験は，歩きながらスマートフォンを見るというような危険性はなく，景色を見ながら自然に情報を獲得でき，街歩きをより豊かな体験に変えてくれる。

　ソニーグループのポータルサイトである「アクセシビリティ」には，弱視という視覚障がいを持つ同社の社員がLinkBudsを装着し，街歩きをする動画がある。そこでは，街歩きの楽しい初体験について語っている。これまで気づくことがなかった花屋や飲食店を知らせてくれるなど，寄り道という街歩きの楽しさが実感できる動画である。LinkBudsを使えば，街歩きがさらに豊かなものになるであろうことが理解できる。

　同社のターゲットは，既に「ながら聞き」が広まりつつあるZ世代，および新しい技術とCXを好むガジェッターである。Z世代ではヘッドホンを常に装着しながら生活をする，究極のながら聞きという変化が起きている。ガジェッター層は，サウンドAR体験や周囲の音を聞きながらのテレワーク利用

といった従来にない新しい CX と，それを支える技術を好むからだ。

　開発の際に苦労したのは音質と装着感の両立であるという。たとえば装着感を上げようとサイズを小さくするとワイヤレス通信が切れてしまうなどの問題を，なるべく高い次元でバランスがとれるようにした。製品の特性上，常時装着した状態であるため，寝ても圧迫感がないようにする必要もある。また，穴が開いていながら高音質であるというリング型ドライバーユニット，さらには，音のひずみを軽減し，音質を高める「統合プロセッサーV1」を搭載している。周囲の騒音レベルに応じて音量を自動調整する「アダプティブボリュームコントロール」機能も搭載し，ユーザーの利便性を高めている。

　音楽だけでなく，Teams などの Web 会議システムでも使いやすいよう，通話性能アップのために 5 億を超えるサンプルで AI の機械学習を重ねている。また，ユーザーが出す音とそれ以外の環境ノイズを分離するアルゴリズムにより，ユーザーの音をクリアに抽出することにも成功した。こうして，使用環境に合わせて，音量を調整することなく自然かつ快適な会話を実現している。耳の辺りをタップして，再生，一時停止，楽曲のスキップといった操作をすることも可能であり，音楽を再生しているときに電話がかかってきた場合は，ユーザーが声を発すると自動的に音楽が止まり通話を始められるなど，CX へのこだわりが感じられる。

　同社は LinkBuds 発売の約 2 年前，開発に着手した頃から，マイクロソフトなどの企業に実現したい CX を提示していた。それがパートナーとしての関係構築にとって大きかったという。

　このように，さまざまな事業者と協力し，CX にこだわった製品や事業開発ができたのは，この事業をリードする中村裕事業部長の経験が生きている。中村氏は，ソニーと NTT ドコモとジョイントベンチャーでの経験がある。「FeliCa」（フェリカ）の技術とネットワーク技術を融合し，ハードウエアではないサービス事業開発を推進して，ライセンス管理やサーバープラットフォーム構築などに携わったのである。さらに，本事業には音響の専門家はもちろんのこと，UX デザイン，サウンド AR に長年携わってきたメンバーなど多種多

様な才能が集まった。こうした人材の多才さが新たなCXのデザインに寄与したと思われる。

　中村氏は，LinkBudsが成功するには，ユーザーと自社との関係性，そしてパートナー企業とWin-Winの関係性を築くことと，そのためにユーザーのアフターケアが大事であるという。ハードウエアの販売にとどまらず，パートナー企業とともにソフトウエア／アプリケーションを改善し続け，常に提供価値の最大化を図る。特に，以前のエレクトロニクス製品とは異なり，Link-Budsではユーザーはさまざまなソフトウエアをダウンロードする必要がある。そこでユーザーがどのような使い方をしているかをフォローして，想定どおりのCXを実現できているかどうかを把握していれば，場合によっては逐次修正をかけることもできる。

　ソニーはこのように，エレクトロニクス事業を質的に大きく転換してきている。CXをキーワードに据え，それまでにはなかったCXを実現することで新しいソニーの事業モデルを確立しようとしているのである。

2　ソニー損害保険

⑴　企業概要

　ソニー損害保険は，ソニーグループの企業として1998年に設立され，1999年より営業を開始した，インターネットと電話により保険加入するダイレクトビジネス専業の保険会社である。

　同社は営業開始時から顧客価値の最大化を追求し，サービス品質強化の取り組みに注力することで成長を続けてきた。外部機関による顧客満足度評価は常にトップクラスであり，2021年度の元受正味収入保険料は1416億円で，ダイレクト自動車保険市場では2002年以降，第1位を継続している。

⑵　ソニー損害保険のNPS

　ソニー損害保険は，NPSという手法を用て顧客ロイヤルティを計測し，そ

の把握と向上に努めている。

　NPS とは Net Promoter Score の略で「推奨者の正味比率」を意味し，利用している企業やブランドに対して顧客がどれくらい愛着や信頼を覚えているかをスコア化したものである。同社は，NPS を採用する前から顧客満足度を定期的に把握しようと努めていた。ところが，コールセンター部門，Web サイトを構築する部門など各部門が縦割りで活動していたため，顧客満足度調査の結果が出ても全社横断で改善するのは難しかった。電話，Web サイトなど，それぞれのチャネルが個別最適の対応をしており，重複が生じるなど，顧客にとって必ずしもシンプルで分かりやすい対応にはなっていなかったのである。そこで，CX を顧客ロイヤルティに大きな影響を与える要素として捉え，カスタマージャーニーの刷新に取りかかった（**図表3-1**）。

　顧客は電話やメール，Web サイトなどさまざまな方法でコンタクトしてくるが，顧客にとっては，コールセンターも Web サイトも同じソニー損害保険であるため，部門間・チャネル間の整合性・一貫性を持たせなければならないと考えたのである。そして，CX 向上に本格的に取り組むべく，2015年に事故

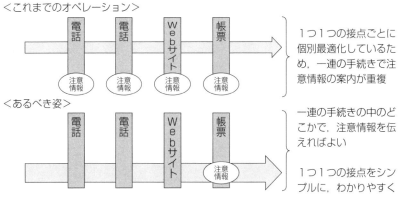

図表3-1　チャネルの個別最適でのボトルネック例

＜これまでのオペレーション＞

電話　電話　Webサイト　帳票

注意情報　注意情報　注意情報　注意情報

1つ1つの接点ごとに個別最適化しているため，一連の手続きで注意情報の案内が重複

＜あるべき姿＞

電話　電話　Webサイト　帳票

注意情報

一連の手続きの中のどこかで，注意情報を伝えればよい

1つ1つの接点をシンプルに，わかりやすく

（出所）　CXClip 社 Web サイト「データでカスタマーセンターの価値を再定義する。CX と EX の循環を成長エンジンにするソニー損保の挑戦」より作成
https://cxclip.karte.io/topic/cxconf2021-sonysonpo/

対応，CS，Web サイト企画といった異なるバックグラウンドを持つ人材が集められ，全社的な CX 向上を推進する部署が設置された。2020年4月から部署名を「サービス・CX イノベーション推進部」とし，カスタマージャーニーの把握を起点として部門横断的な活動を推進している。

　インタビューに応じていただいた片岡伸浩氏（サービス・CX イノベーション推進部長），清水悌二氏（カスタマーサービス部門カスタマープロセスデザイン部長）によると，同社が成長するには顧客からの支持が不可欠であるため，カスタマージャーニーを基にした課題発見に重きを置いている。その取り組みについて，①カスタマージャーニーマップの作成，②批判者へのヒアリング，③コールセンターのデジタル化対応力の強化，の3点から述べる。

①　カスタマージャーニーマップの作成

　ソニー損害保険では，2015年より事故対応，Web サイト，コールセンターの各部門が横断的に議論し，カスタマージャーニーマップを作成した。顧客視点での活動とするため，特定のテーマに関して各部門が CX について同じ視点を持ち，ワークショップを開いたのである。

　当初は，サービス・CX イノベーション推進部のスタッフがファシリテーターとなり，現場（電話対応や事故対応などの顧客対応部門）のスタッフとともにカスタマージャーニーマップをつくり，課題を洗い出した。各タッチポイントにおける顧客の気持ちや行動を把握し，CX 向上の課題を挙げていったのである。ワークショップには各部門の部長・管理職クラスが参加し，部門の立場をいったん忘れて取り組んだ。そこではできない理由を部門ごとの事情にはしないことにして，あくまでも顧客視点で議論することに重きを置いた。

　また，ワークショップで出た課題は一種の仮説であることから，コールセンターの通話録音を聞いたり現場でヒアリングしたりするなど，課題の裏づけ作業を行った。その上で，改善策のプロトタイプを修正してから本格運用に入った。この手順をとることで，施策の成功確率を高めていたのである。

　同社にとって，カスタマージャーニーマップの作成は目的ではなく，そこか

ら全社で部門横断的に施策を検討し，社を挙げてCX向上に取り組むこと，そしてその活動を継続することこそが重要なのである。このような過程を経ることは，人材育成にもつながっているという。

　こうした活動を継続してきたことで，現在も部門横断的な議論を行う際は，カスタマージャーニーを共通言語としている。このように同社には，カスタマージャーニーという考え方が深く根づいている。

② 批判者へのヒアリング

　ソニー損害保険では，推奨意向の低かった顧客に対して，管理職を含む社員からのアウトバウンドコールを実施している。NPSの調査結果が出てからあまり日を空けずにアウトバウンドコールを実施することで，顧客が不満を覚えた原因を把握しそのリカバリーを行うと同時に，結果として顧客の同社に対す信頼関係構築につながることも多い。

　この活動は，同社がNPSにいかに本気に取り組んでいるかということを全社に強く印象づけるものにもなっている。

③ コールセンターのデジタル対応力の強化

　1999年の営業開始時は電話からの加入が90％以上であったが，現在はその大半がWebに移行している。Webで手続きする場合でも，多くの顧客は不明点や疑問点があれば電話を利用する。つまり，CXを高めるにはWebと電話をいかに一体化するかということが重要であると考えた。

　同社が着目したのは，サポートできていない顧客の存在である。自ら「問い合わせ」や「FAQ機能」を利用してアクションを起こした顧客にはサポートできているが，そうでない顧客にはサポートできていないという事実に着目した（**図表3-2**）。

　そこで，コールセンターのデジタル対応力強化に取り組んでいる。たとえば，Webでの加入を考えている人に対して，つまずきそうなところにチャットバナーを表示させ，FAQやチャットでサポートし，なるべくWebだけで完結

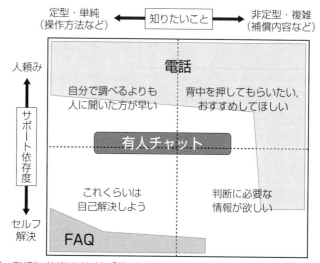

図表3-2　サポートの空白エリア

自ら「問合せ」や「FAQ閲覧」のアクションを起こした顧客にだけ，サポートできている
⇒サポートの空白エリアに着目

（出所）　CXClip社Webサイト「データでカスタマーセンターの価値を再定義する。CXとEXの
循環を成長エンジンにするソニー損保の挑戦」より作成
https://cxclip.karte.io/topic/cxconf2021-sonysonpo/

できるように工夫している。また，Web内でどうしても疑問点が解消しない
場合はコールセンターに導くようにするなど，顧客からの問い合わせや契約手
続きにおける不満を抑え，より理想的なカスタマージャーニーを構築しようと
している。

　FAQ，AIボット，有人チャットでの対応範囲を拡大し，Webで解決しない
複雑な問い合わせや保険選びのコンサルティングは，電話で「人ならでは」の
対応をすることにより，顧客にとって最適なサポートを実現しようとしている
（**図表3-3**）。

　そのため，コールセンターではオペレーター間で接遇ノウハウや知識，問題
の解決率といったノウハウをナレッジ化して共有し，電話対応の質を高めてい
る。その効果は，アフターコールサーベイというオペレーターの電話後の顧客

図表 3-3　顧客サポートチャネルの将来形

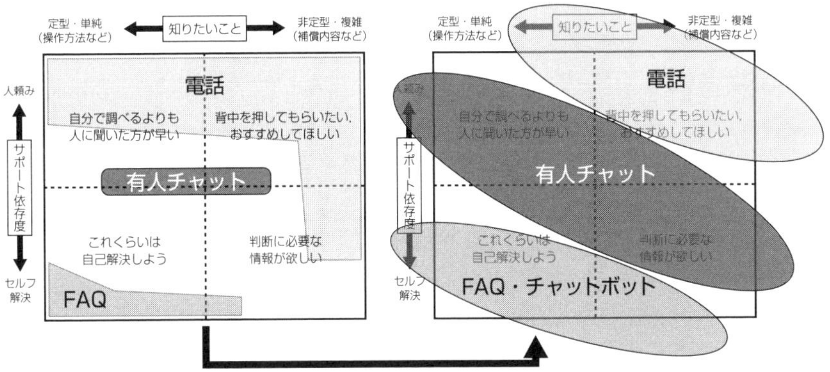

（出所）　CXClip 社 Web サイト「データでカスタマーセンターの価値を再定義する。CX と EX の循環を成長エンジンにするソニー損保の挑戦」より作成
https://cxclip.karte.io/topic/cxconf2021-sonysonpo/

アンケートにより，コールセンターの対応がどれだけ他者への推奨に値するかを把握している。通常，1人のオペレーターは1日当たり20〜30本の電話対応をするが，アンケート回答率はそのうち15%程度に上る。こうした地道な調査が，より高い NPS につながっている。

　こういったことは通常，「一日で何件の電話をさばけたか」といったコストセンター的な発想で管理されるが，同社にとってコールセンターはプロフィットセンターという位置づけである。同社では，コールセンターのオペレーターの効率性管理は応対時間ではなく，電話が終わった後のログを残す時間をどれだけ短くするかにとどめ，さらにアフターコールサーベイで顧客からのより高い支持を得られるかを中心にモニタリングしているのである。この考え方はコールセンターの従業員のエンゲージメントレベルも大きく高めている。

　また，2016年度からコールセンターのオペレーターの永年雇用化を進めており，各種両立支援制度も充実している。こうした活動により，コールセンターのオペレーターは，Web と連携して顧客によりよい CX，カスタマージャーニーを体験してもらうことを念頭に置き，活動品質の向上に努めている。

3　パイオニア

⑴　企業概要

　パイオニアは1937年に創業した老舗の音響メーカーである。音の総合メーカーとして1980年代にはAVに進出，2000年代中盤はプラズマ事業に大型投資をするが，業績が悪化し2019年上場廃止。その後，香港系ファンドの下，経営再建を進めた。現在はサービスカンパニーへの大胆な転換を進めている。

⑵　「NP1」によるサービスカンパニーへの転換

　パイオニアは業績悪化を理由に2019年に上場を廃止した。その後は経営のプロである矢原史朗氏を招聘し，外部からその道のプロフェッショナルを集め，経営改革を推進している。中でも大きな転換が，製造業からサービスカンパニーへのシフトである。以前はモノを売っていた同社が，売った後に顧客と強固な関係性をつくり上げようとしている。

　新しいパイオニアが目指すのは，OEM供給など従来のモノづくりの強みを生かしつつ，モビリティデータを活用し，顧客に新しい体験を提供することである。同社は15年から「ビークルアシスト」という，業務用車両に対するクラウド型の運行アシストサービスを提供している。このようなクラウド型での運転支援におけるサービスノウハウと，車載機器を長年提供してきたノウハウを融合し，新たなCXを提供しようというのである。それにより，未来の移動をより安全で快適かつスマートなものに変革しようとしている。

　そうした中で発売したのが「NP1」である。NP1は音声を使った次世代型オールインワン車載機器である。従来は，画面でナビゲーションしていたものを，リアルタイムの音声データ処理，高速コンピューティング技術で，最新の地図データを生かした音声によるナビゲーションサービスとドライブレコーダー機能を有する。通信料やサービスは初回購入時に1年分が含まれるが，2年目以降は更新をするサブスクリプション型で提供される。

　同社がNP1のサービスを通じて着目している社会課題がある。それは，カーナビゲーションシステムの注視を原因とする事故の増加である。昨今，自動車の内部に標示機器が増えたことにより，カーナビゲーションシステムや車載のインターフェースが多階層化し，タッチパネルの操作が複雑になったこと，また，車載ディスプレイの大画面化で情報過多となり，ドライバーの注意が散漫になりがちであることなどが問題になっている。**図表3-4**にあるように，携帯電話使用などによる交通事故件数は増加しており，特にカーナビゲーションの注視による事故件数は全体の半分以上を占める。そこで，より安全で快適，かつスマートな移動体験を提供したいというのがパイオニアの目指す事業の姿である。

　NP1の開発経緯であるが，若手の優秀なスタッフが集まってワークショップを開催し，議論を進めてきた。コンセプトは19年7月から考え始められ，同社が培ってきた車載器のハードウエアの技術を生かして，新たな事業を始めるためのチームが立ち上がった。そこで着目したのが，カーナビゲーションの注視を原因とした事故の増加であった。カーナビゲーションシステムは，デバイス

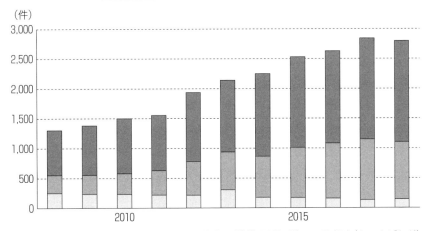

図表3-4　携帯電話使用による交通事故件数推移

（出所）　警察庁 Web サイトより作成

は高精細化するなど進化しているが，情報過多でドライバーの気が散ってしまう面もあり，これが安全な運転を妨げているというのである。NP1の事業コンセプトとして「音声のみのナビゲーション」ということは明確になったが，問題が残った。紙の地図をどのように表現するかである。

　戦略設計はアジャイル型の開発を採用した。開発初期から仮説を立て，その修正を繰り返しながら，戦略，施策，体験を研ぎ澄ませ拡大させていくというものである。そしてそのプロセスは，発売後も顧客から収集したデータを基に修正を重ねるというものである。図表3-5にあるとおり，顧客理解＋企画立案段階において顧客を理解するためのリサーチと仮説探索，さらにコンセプト調査と検証を行う。次にサービス／UX，UIのデザインとメッセージ開発のために体験を仮設し，検証と修正を繰り返す。そして市場に投入した後も顧客の声（VoC）を集めてデータ分析し，修正と改善を繰り返すというものである。

　そして，寄せられた顧客の声だけでなく，声なき声もSNSなどから収集して分析し，OTA（通信経由）でサービスの追加や修正をする。発売前は，広告，店頭各種ビデオ，リーフレットやWebサイト，FAQやコールセンター，チャットなどを利用して顧客に価値の理解を促す。顧客が購入した後もアプリ，メー

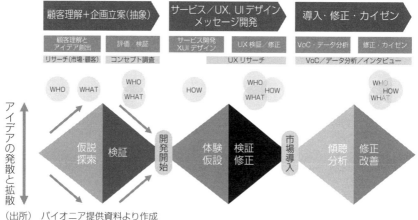

図表3-5　アイデア創出から導入改善のプロセス

（出所）パイオニア提供資料より作成

ル，LINE，その他ソーシャルメディアを組み合わせ，サポートを推進している。その結果，顧客の声も顧客が明確には発していない声も含めて収集を繰り返し，CX の見直しと改善を繰り返すのである（**図表3-6**）。

　また，事業の状況は可視化され，素早い改善サイクルが回されている。具体的には，Google Cloud Platform と Tableau を活用し，事業の状況と顧客の使用状況を可視化している。毎週，それを事業部全体でレビューし，状況を把握するだけでなく改善アクションにつなげている。もちろん，顧客とのコミュニケーション，広告も実行と改善を素早く繰り返す。セグメントとターゲットは仮説を設定しつつ，発売後の結果から精緻化し，コミュニケーションを改善していくのである。また，広告効果についても地方の TVCM でテストし，効果を分析している。その結果を基に大規模な投資の実施や拡大の判断をしているのである。そういう意味では，同社にとって NP1は製品開発というより新しい CX を創造するための事業開発であるといえよう。

　そのため，販売チャネルとも深く連携した。オートバックスとは特に深く連携し，カーナビゲーション注視による事故の増加は，解決しなければいけない社会課題であるという共通認識を持ち，新しい市場を開拓するメッセージを共通で創造するために議論した。パイオニアが実施したコンセプトリサーチに

図表3-6　サービスのカイゼン追加プロセス

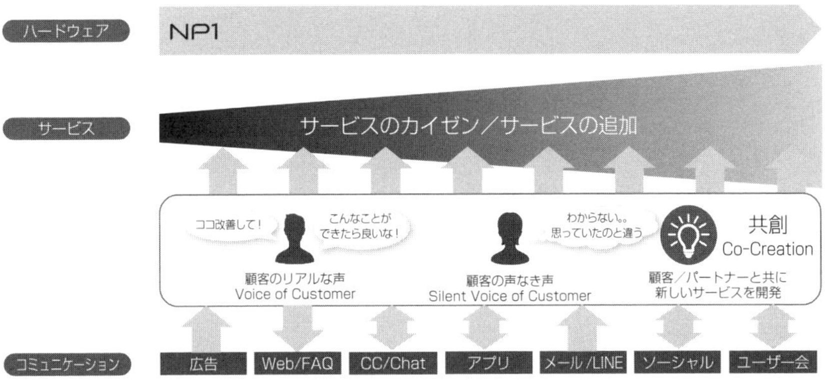

（出所）パイオニア提供資料より作成

オートバックスを招き，課題を共有したのである。その上で，店頭の標示をどのようにするかを一緒に考えた。

　NP1はドライブレコーダーの機能も有しているが，ドライブレコーダーとして配置をしてしまうとコンセプトは伝わらなくなってしまう。そのため，これまでと違った方法での展示，エリアの新設などを実施している。22年3月12日，13日にはオートバック東雲店にて，NP1の体験イベントを実施した。音声ナビ，クラウド型ドライブレコーダーという新しい提案のデモンストレーションカーを用意し，商品に詳しいスタッフを配置し，そのコンセプトを正しく消費者に伝える活動を販売チャネルとともに取り組んでいる。つまり販売チャネルとともに新しい価値を創造しているのである。

　現在，カーナビゲーションシステムはコモディティ化が進んでいるといえる。そこに「モノ×コト」，つまりモノの強みとサービスを組み合わせて新しいCXを創出しようとしている。それは音声と通信で常に最新の地図が入手でき，音声により直感的なナビゲーションが提供されるということである。ドライブレコーダーについても，SDカードではなくクラウドにすれば，事故などのトラブルがあったとき即対応できる。通常，ドライブレコーダーからSDカードを取り出して閲覧しようとすると再生メディアが必要となり，即対応ができない。その点，NP1はクラウド経由で即時再生が可能であり，事故時の対応もスムーズとなるというわけである。

　筆者がCMOである井上慎也氏にインタビューして感じたのは，同社がこのような事業開発ができたのは井上氏の経験によるところが大きいということである。井上氏はP&G，Adobe，KDDIを経てパイオニアに入社した。P&Gでは消費財のマーケティング，Adobeではソフトウエアソリューションやクラウドサービス，KDDIではデジタルマーケティング部長としてライフデザイン，デジタルマーケティングを幅広いBtoB，BtoCで経験している。

　中でも参考になっているのはAdobeにおけるサブスクリプションモデルでの経験であるという。月契約の会員制サービスはその価値を増加させ続けるために，CXの改善を繰り返さなければならない。ハードウエアの価値は購入時

が最大で，時間の経過とともに減価償却する。あるいは，新製品・新技術の登場で価値は低下していく。一方，モノとコトを掛け合わせるサービスであるリカーリングモデルは，CX の改善を繰り返せば，時間の経過とともに価値を増やすことができる。

4　DMG 森精機

(1)　企業概要

　DMG 森精機はグローバル規模で工作機械（マシニングセンタ，ターニングセンタ，複合加工機，5 軸加工機およびその他の製品）の製造，販売を行うメーカーである。業務資本提携先であったドイツのギルデマイスターを2016年に統合し，世界最大級の工作機械メーカーとなった。2021年度（同年12月末決算）の売上高は3960億円である。

(2)　DMG 森精機のカスタマージャーニーの革新

　DMG 森精機は CX を高めるため，カスタマージャーニーの革新に取り組んでいる。工作機械はライフサイクルが10年以上と長く，使用時の CX が非常に重要である。そこで2018年 1 月に野村総合研究所（NRI）と共同出資でテクニウムを立ち上げ，デジタル技術を用いた工場における生産設備の高度な活用を支援するシステム・サービスの提供を強化している。

　DMG 森精機のカスタマージャーニーにおける革新として，①デジタルツインショールーム，② my DMG MORI によるデジタルサービス・プラットフォーム，③ CELOS Club による IoT での CX の刷新，④ TULIP による顧客の生産性刷新，について述べる。

①　デジタルツインショールーム

　DMG 森精機は，同社グループ最大の生産拠点である三重県・伊賀事業所内のショールーム「伊賀グローバルソリューションセンタ」をデジタルツインで

再現した「デジタルツインショールーム」を2020年7月3日より日英版同時公開しており，現在では独中版も追加して四言語に対応している。Webサイトから臨場感のあるショールーム体験が可能となっており，3DCGソフトウエアによるフルCG制作（4K画質）で，360度パノラマビューにより実際にショールームを歩いているような没入感を体験できる。

　PC，タブレット，スマートフォンから同社のWebサイトにアクセスすれば，工作機械だけでなく，自動化システム，加工ワーク，さらには治具・工具・周辺装置など同社が認定する周辺機器，あるいはそれらに関連する製品情報，カタログ，展示に関連している特集ページや動画の閲覧が可能である。顧客は24時間365日，時間や場所を問わず閲覧できるため，工作機械もしくは周辺ワークも含めた検討がしやすくなった。また，伊賀と東京にある実空間のショールームでは，毎週金曜日に「DMG MORIテクノロジーフライデー」を開催し，顧客の関心や課題にエンジニアが最新技術セミナー，実演加工などを通して応えている。以前は，伊賀や東京のショールームに見に行かないと収集できなかった詳細な情報内容も，現在は顧客の要望に応じてデジタルでもリアルでも連携できるようになり，顧客の課題の把握，最適なソリューションの選択におけるカスタマージャーニーを大きく革新している。

　同社がデジタルツインショールームをオープンした背景には，新型コロナウイルス感染症（COVID-19）の影響がある。20年はいつも実施していた世界中の展示会への出展や独自イベントの開催などができない状況となり，オンラインとリアルのそれぞれのよさを組み合わせて提案を進められるようにすることが必要と判断された。オープン当初は機械や用意した動画などの閲覧を商談の補助として使う形にとどまったものの，今後はデジタルツイン化された工作機械の情報を直結し，試加工の代わりとなるシミュレーション機能を充実させていく方針だという。同社の工作機械はすべて3D CADで設計されているため，すぐにデジタルツイン化することが可能である。

　また，PLC（プログラマブルロジックコントローラ：主に製造業の装置などの制御に使用されるコントローラ）のデータや加工プログラミングを用いてシ

図表3-7 | DMG 森精機のデジタルツインショールーム

(出所) DMG 森精機 Web サイトより転載
https://www.dmgmori.co.jp/sp/dtsr/gsc/ja/

ミュレーションする専用ソフトにより，加工のデジタルツインについての取り
組みも進めており，現在，顧客が現場で行っている作業の大半を，デジタルツ
インショールームを起点としてできるようにする方針だという。将来的には，
ユーザーが素材データを入れるとデジタル空間でテスト加工を行い，シミュ
レーション結果を得られるような仕組みを想定している。7〜8割の作業をデ
ジタル上で行えるようにするのが理想としている（**図表3-7**）。

② my DMG MORIによるデジタルサービス・プラットフォーム

　会員制のデジタルサービス・プラットフォームは，ポータルサイト「my
DMG MORI」で推進されており，会員登録をすればさまざまな保有機情報を
獲得できる。IT，IoTを使いこなすためのサービス，人材育成，顧客が保有し
ている機械情報を閲覧するなどのサービスが可能となっている（**図表3-8**）。
　my DMG MORIは，2020年6月に開始した会員制オンラインサービスであ
る。工作機械は10年20年にわたって使用されるため，顧客と長期的に強いパー
トナーシップを築くことが重要である。そのため，購入した機械が常に最高の

図表3-8　my DMG MORI

+ お客様のDMG MORI機に関する様々なデータをWEB上で一元管理
+ デジタル技術を活用してお客様の生産性向上に役立つサービスを提供
+ 新機能としてサービスリクエストとサービスステータス表示を拡充

（出所）　DMG森精機提供資料より作成

パフォーマンスを発揮できるよう，顧客をサポートすることが必須という同社の考えがその根底にある。

　my DMG MORIは，機械を購入した顧客が保有機の情報をいつでも確認できるよう，また設備の急なトラブルにも早期に復旧できるように，ネットワークを通じて顧客の生産性と収益拡大に貢献するのが役割である。設備に関するさまざまな情報を一元管理し，複数台使用している顧客も効率的に活用できる環境を用意している。主な機能として，保有機関連情報提供，修理復旧リクエスト，教育サービスを展開している。教育サービスでは，工作機械の操作方法などの教育に関する空席確認や申し込みが可能となっている。またeラーニングも提供されている。

③　CELOS ClubによるIoTでのCXの刷新

　DMG森精機が展開している「CELOS Club」は，タッチパネル操作を実現するオペレーティングシステム「CELOS」を最大限に有効活用し，顧客の生産性向上を目指すサービスである。

　CELOS Clubは，2018年に開始したサブスクリプションサービスで，人と機械と工場の可視化・分析・改善を通して生産性を向上させる，デジタルファク

図表3-9　DMG森精機の「CELOS Club」

✓ DMG MORIと繋がることでスマートファクトリー化をサポート

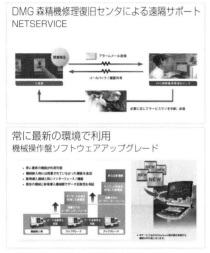

（出所）　DMG森精機提供資料より作成

トリーの実現を支援している。工場内の機械をクラウドのプラットフォームに
つなげると，遠隔でのサポートや，稼働モニタリングを受けることができ，接
続できる機械の台数を飛躍的に増やしている。こうしたサービスは安心した使
用環境を生み出すため，顧客からは同社の機械だけでなく他社機も含めたモニ
タリングのニーズもあるという（**図表3-9**）。

④　TULIPによる顧客の生産性刷新

　DMG森精機は，米国Tulip Interfaces社が開発した製造支援アプリケーショ
ン作成プラットフォーム「TULIP」の国内販売を行うTProjectを設立し，製
造業を中心に製造現場の改善を推進している。TULIPでは，従来は同社の工
作機械をあまり使用しない製薬や食品といった業種においても，1人ひとりの
動きを可視化してさまざまな工程のデジタル化を推進できる。可視化すること
によってデジタル化が推進しやすくなり，手戻りがなくなるのである。

　多くの製造現場では，作業者による品質のバラつきや作業ミス，新任担当者への教育，生産データの収集・モニタリングに時間がかかるという問題点を抱えている。TULIPはこうした製造現場の問題をデジタル化により支援する。TULIPの活用にはプログラミングの専門知識は不要で，作業手順書や品質管理，機器モニタリングなど多様な機能を持つアプリケーションを，現場担当者自身が簡単に作成できる。紙の作業手順書や品質チェックシートのデジタル化，生産データの可視化，工程改善などが可能となり，製品仕様や工程の変化にも柔軟に対応できる。

　さらに，製造現場では計測機器や既存システムなどとも連携でき，現場主体の工程改善やデジタル化に取り組むには最適なソリューションとなっている。前述したようにさまざまな業種への対応も可能である。たとえば，医薬品製造業では医薬品製造の手順書や品質・トレーサビリティ管理システムとして，食品加工業では複数言語や動画を活用した作業手順書として，物流業では入出庫

図表3-10　DMG森精機における「TULIP」によるプログラミング不要のアプリケーション作成

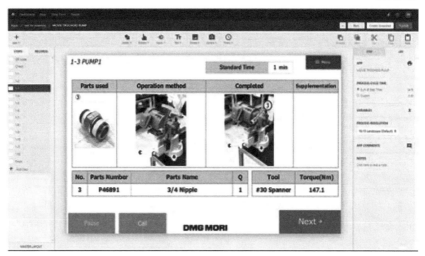

（出所）　DMG森精機 Web サイトより作成
　　　　　https://www.dmgmori.co.jp/trend/detail/id=5491

や梱包業務の手順書として，不動産業では不動産営繕や保守点検業務の品質維持・効率化の手段として利用することができる。

　同社は，TULIP を工作機械ユーザーに限らず幅広く提供することにより，既存の同社製品の枠にとどまらず，製造業の生産プロセスのデジタル化を支援しようとしている。このように TULIP は，品質管理，機器モニタリングなど属人的かつアナログにとどまっている工場内のさまざまなプロセスをデジタル化・可視化して，生産性の大幅な改善や品質の向上を可能とする。ここから，同社が工場内における生産性のボトルネックに着目し，その大幅な革新を実現しようとしているという姿勢をうかがうことができよう（**図表3-10**）。

③　顧客ロイヤルティ向上のためのカスタマージャーニー構築

　自社起点の販売プロセスから顧客起点に転換するには，顧客ロイヤルティの向上を目指し，カスタマージャーニーを構築しなければならない。その際に必要なこととして，①部門横断によるカスタマージャーニーマップの作成，②CX 向上のための KPI 管理，③従業員エンゲージメントの向上，④新しい CX の創造，の4点が挙げられる。

1　部門横断によるカスタマージャーニーマップの作成

　まず，販売プロセスで管理するという発想を180度転換し，プロセスの主語を顧客に転換する必要がある。つまり，顧客がどのようなことに興味を持って情報を収集し，競合などとの比較検討などを経て意思決定するのかについて，顧客の立場で考えることである。

　そのためには，ソニー損害保険が実施しているように，部門横断でどのような CX を実現したいのかについてカスタマージャーニーマップを作成することが必要だろう。その背景としてあるのは，顧客のタッチポイントの多様化である。第三者が発信することで消費者が信頼性を持つマスコミレビュー，ソー

シャルメディアや比較サイト，口コミサイトなどのアーンドメディアが発達し，顧客の評価は瞬く間に広まるようになった。だからこそ，自社の商品やサービス，企業ブランドの価値を維持・向上させるには，あらゆる接点における CX を重視しなければならない。

　そこで，多様な価値観を持った顧客がどのような道筋で意思決定するのかを，顧客の立場になって意識や感情を想像しながら，カスタマージャーニーマップとして可視化するのである。

　最初に顧客の課題に対する解決策の仮説を立て，それについて議論する。マーケティング部門や，顧客に対するタッチポイントであるコールセンター部門，Web 部門，サービス部門，営業部門，あるいは顧客が触れるアーンドメディアなどに対応をするための広報部門の参加がカスタマージャーニーに関する横断的な議論に欠かせないだろう。

　議論を通じて，常に顧客の視点で物事を考え，カスタマージャーニーを共通言語として部門横断で連携できるようにする。そして，どのような CX を実現したいかについて共同見解，ありたい姿を策定し，顧客とのタッチポイントを再設計するのである。営業担当者，コールセンター，サービス担当者だけでなく，オウンドメディアといわれる自社サイト，店舗，メールマガジンといった自社が発信するメディアをタッチポイントとしてどのように配置するかを再設計する。

　導入部分での認知度を高めるために，TVCM やネット広告，雑誌といったペイドメディアの活用だけでなく，顧客からの信頼をどのように高めるかという視点からアーンドメディア，口コミサイトやマスメディアへの取材などの広報活動も非常に重要である。そしてその結果，SNS など顧客間でどのように共感の醸成がなされているのかをモニタリングしておきたい。

　このように，カスタマージャーニー起点でタッチポイントを再設計することで，製品やサービスを提供する立場ではなく，顧客の立場で物事を考えられるようになる。販売プロセスにおいては，自社の営業担当者，コールセンター，インサイドセールス，Web サイトという組み合わせで考えていたものが，顧

客起点で考えるとタッチポイントも全く変わる。販売プロセスは自社に見えている顧客のみへのリーチであるが，カスタマージャーニー起点で顧客を見るとリーチを広げることができる。

　しかしながら，カスタマージャーニー起点で考えタッチポイントを再設計することは，言葉でいうほど簡単なものではない。営業部門は長らく自社起点で販売プロセスを考えてきたため，思考回路を切り替えるのは至難の業である。まずは，想定される顧客課題の議論を重ね，カスタマージャーニーマップを作成してみることをおすすめする。

　たとえば，中小企業には情報セキュリティに対する漠然とした問題意識があり，それを課題整理段階から寄り添うとする。中小企業にはセキュリティ担当者が不在で，社内業務を一手に担っている総務部門が窓口になるケースが多い。そこで総務部門の責任者がどのような動線をたどるかを考えるのである。

　セキュリティという言葉から，総務部門の担当者はおそらくいろいろなことを想起するであろう。入館ゲート，ハッキング，従業員による情報漏洩，メール誤発信，ウィルス，災害などに対する保険など多岐にわたる。ここで考えられるカスタマージャーニーを，マーケティング，営業，コールセンター，インサイドセールス，Web，広報の担当者が集まって議論をする。想定顧客である中小企業の総務担当者が一体どのように情報を収集するのか，そのときにどのような言葉で検索するのか，どのようなメディアで情報を探すのか，何を重要な基準として情報を精査するのか，どのような情報があるとうれしいのか，こういったことを顧客の立場になって検討するといろいろなことが見えてくる。

　やがて，顧客の悩みはセキュリティに対するワンストップソリューションであったことに気づく。さまざまな相談に統合的に対応してくれること自体が顧客の要望であり，そこに対する課題整理，投資の優先順位を提案してくれることこそが，顧客にとっての最大のニーズであることが分かる。

　顧客が見る情報はWebサイトだけでなく，ウェビナー，IT情報誌，講演会など多様なタッチポイントが想定される。アーンドメディア，つまり比較サイトや雑誌などの取材に応じ，自社のよさを正しく理解してもらうことも必要と

なる。このような想定されるタッチポイントに対して，どのような接点とメッセージがあると，より印象に残り，検討の候補となれるのかを追求するのである。

　また，こうして作成したカスタマージャーニーマップはあくまでも仮説であることから，常に正解というものはない。改定を繰り返して組織としての認識を深めていくのである。またそれを通して，組織としてカスタマージャーニーという言葉や概念が意思決定の共通言語として浸透することにもつながる（**図表 3 -11**）。

図表 3 -11　情報セキュリティ検討におけるカスタマージャーニー例

フェーズ	興味・関心 (Attention Interest)	調査・比較検討	購買	使用	共有
タッチポイント	IT 情報誌 TVCM 雑誌メディア SNS コールセンター	比較サイト IT 雑誌，IT 情報サイト	営業担当者 EC サイト	コールセンター （サポート） サポート Web サイト	SNS ユーザー会
行動	✓現状把握とスコープの検討	✓ウェビナー視聴 ✓領域ごとのプレイヤ情報収集	✓比較サイトから EC サイトに飛び購買 ✓コールセンターなどから営業担当者の対応要望	✓セキュリティ商品の組み合わせ使用 ✓ユーザー部門への説明	✓IT コミュニティでの共有 ユーザー会での発表
思考	✓情報漏洩事件記事などから高い問題意識を強く持つ	✓領域ごとに信頼性が高いのは誰か？ ✓意思決定者の納得性が得られるか？ ✓経済合理性は得られそうか？	✓信頼性が置けるパートナーか？ ✓サポートレベル，経済合理性的に合理的判断か？	✓新たなるセキュリティの脅威への対応はできるか？ ✓各種サポートは十分か？	✓ユーザーコミュニティでの発表など良い製品，サービスであれば同様の検討をしている人と共有したい

2　CX 向上のための KPI 管理

　カスタマージャーニーを組織横断で構築したら，その CX も組織横断でモニタリングしておかなくてはならない。同じ KPI を見ながら，顧客にとって理想の CX，カスタマージャーニーをどのように実現していくのかを議論する。その際に必要なのが，CX を起点とした KPI である。

　顧客がどのような言葉で課題解決の手がかりを探索するのか，そのアンテナにかかることを考える。広告に対するインプレッション数（表示回数）とクリック数，さらにそこからいかにコンバージョン（資料請求や購買）につながっているかを見るのである。ターゲットとする顧客のニーズ，想定される顧客の課題に関するセミナーやウェビナーの参加人数，閲覧数，メールマガジンの開封率なども重要な指標になり得る。

　また，顧客からのさまざまな問い合わせに対して，顧客が望んだ体験を提供できているのかということも重要である。顧客応対や製品・サービスがどのように顧客ロイヤルティにつながっているのかを見る必要があるわけだが，その代表的な指標が NPS である。ソニー損害保険が実施しているように，活動成果として顧客ロイヤルティの推移を組織としてモニタリングし，顧客対応が推奨に値するのかについての評価から，各部門が何を修正すべきかという改善活動に生かすのである。顧客がどれだけ維持できているかという顧客リテンション率，新規顧客獲得数，売り切り型ではなく継続型の契約であるリカーリング収益がどれだけ増えているかといった KPI もあるだろう。

　このように顧客ロイヤルティの向上を目指して KPI 管理をすると，販売，サービス，Web，コールセンターといった顧客接点を持つ部門だけでなく，他部門も製品に関する要望を把握できる。そのため，NPS については全社一体で，理想の CX やカスタマージャーニーの実現に向けた議論を推進することが望ましい。

3　従業員エンゲージメントの向上

　顧客ロイヤルティを組織として向上させるには，従業員のエンゲージメントを向上させることが不可欠である。カスタマージャーニーの改善には，営業部門だけでなく，さまざまな部門の人材が理想とする案を出し合い，それを全社で実現させることが必要となる。カスタマージャーニーは顧客起点で課題を解決するため，従業員に高いモチベーションを要する。従業員がその趣旨を正しく理解すれば，エンゲージメントレベルは確実に向上するはずである。

　もし，従業員のエンゲージメントレベルが向上しなければ，趣旨をしっかり説明し，能動的な参画と自分事化を進める必要がある。従業員1人ひとりに顧客ロイヤルティ起点で活動することの意義を正しく理解してもらうため，顧客からの不満や喜びの声は常に全社で共有し，反省すべきところは反省する。部門で共感・共鳴することが顧客ロイヤルティを向上させるのである。

　従業員が部門を越えた小集団活動のようにCXの改善を目指して取り組んだことに対して発表する場，共有する機会を増やすことも顧客ロイヤリティ向上に寄与するであろう。

4　新しいCXの創造

　カスタマージャーニーなど顧客起点の議論を繰り返すことで，常に顧客がどういう課題を抱えているかについて考えることになり，さらにより広い観点でいえば社会課題について議論をする機会も増える。そうした議論から新しいCXを創造する必要性が出てくることもある。

　②で紹介したパイオニアが実施している音声ナビゲーションへの移行は，まさしく新しいCXの創造である。顧客課題や社会課題を解決するための事業コンセプトの策定から，戦略の設計，アジャイル型でのCX設計を行い，仮説検証を繰り返す。その過程でSNSやコールセンターなどで顧客の声を集めることが重要である。

　以上のような変革を通じて，日本企業が自社起点の販売プロセスから顧客起

点のカスタマージャーニーに転換し，よりよい CX を創造できることを切に願
う。

第 4 章

売上目標から顧客の成功へ

1　売上目標を求める営業組織の限界

　現在の営業組織が顧客の関心事の変化に対応できていない原因に，売上目標の存在がある。売上目標を設定するということはあくまで企業側の都合であり，商品を購入するという顧客体験（CX）の見地からは重要性がない。

　営業組織の目的は販売することであるが，皮肉なことに，売上目標を追い求めすぎると顧客のニーズとは対立構造になってしまう。顧客が安く買いたいと思っていても，企業が売上を増やそうとしたら，少しでも高く売る必要が出てくる。

　こうした売上目標を求める営業組織の限界について，①顧客との利害関係の不一致，②顧客理解における限界，③優秀な人材の離脱，という3つの観点から述べる。

1　顧客との利害関係の不一致

　売上目標を達成する方法の1つは販売単価を上げることであるが，これが顧客との利害関係の不一致を引き起こす。

　営業担当者はなるべく高い商品を顧客に販売したがるものである。顧客ニーズを精査した方がよい場合でも，営業担当者の販売したいという本音は変わらない。そもそも，販売ノルマは売り手側の都合で作成されるため，顧客が欲しいものではなく，ノルマを達成するために売りたいものを販売することになり，ここでまた，売り手と買い手の利害の不一致が生じてしまう。営業担当者はノルマを意識するあまり，顧客ニーズよりも自分のノルマ達成を考えてしまうのである。

　こうした事態は金融業界でも起きている。金融の知識を持った顧客には売りづらい商品を一般の顧客に売り，手数料の獲得を優先するという高回転の販売モデルは，顧客の利益を軽視することにつながる。そのビジネスモデルを続ける価値があるのかという根本的な疑問も生じる。

2　顧客理解における限界

　企業と顧客の利害が一致していない状態では，企業が顧客の関心事やニーズを理解するのは難しい。営業担当者が売上目標を達成するには回転数を上げて販売個数を増やすことも必要であるが，単なる高回転の販売モデルでは顧客に対する理解は深まらないし，営業担当者が介在する意味がなくなる。ネット通販で十分である。

　事業というものは顧客の成功なくして繁栄はないし，自社が顧客から選ばれることもない。一方，従来の営業組織では，顧客に対する理解を深めること自体がノルマ達成の障害と考えられることすらある。理屈では必要と分かっていても，顧客理解を深めようとすればするほど商談サイクルは長くなり，回転数が下がってしまうからだ。

　ソリューション営業が叫ばれて久しいが，実現できている企業はごくわずかだ。キーエンスは顧客が抱えている課題を深く理解して，そのソリューションを顧客が納得いくよう証明し，55.36％（2022年度）という高い営業利益率を達成している。しかし，顧客理解が深まらない営業組織は，結局，ネット通販に取って代わられてしまうことになる。それが今，多くの日本企業で起きつつある現実なのだ。

3　優秀な人材の離脱

　顧客と利害が対立するようなビジネスモデルは，それに従事する人材が自分の仕事に疑念を抱いてしまう。そのような状況では経営者は従業員に仕事のやりがいを与えられるだろうか。

　現在，ミレニアルといわれる世代より若い世代にとって，仕事のやりがいは社会課題の解決につながるものとなっている。そのため，顧客と利害が対立するようなことに強く疑念を抱き，人材が集まってこない。

　また，販売ノルマを徹底すると根性論が発生するものである。筆者がメーカーの新入社員として営業をしていた頃，数字必達が大命題であった。しかし

「何のための数字必達か」「その結果，どのような課題が解決されたのか」という問いに答えられないと個人はやりがいを失う。

　もちろん，数字は定量目標値として大事なのだが，それを設定するのであれば，顧客のどのような課題を解決したいのか，顧客をどう成功に導きたいのかという「何のために」の部分がしっかりしていないと立ちゆかなくなってしまう。

　「われわれはなぜ，販売をしているのか」「インターネットで代替できることをなぜ，わざわざ人がやる必要があるのか」，営業担当者の心中では，いつもそうした不安が駆け巡っている。ノルマを達成してもその答えとはならず，むしろ優秀な人材を転職活動へと駆り立ててしまう。結局，あまり深く考えず，ただいわれたことをやる従順な人材だけが残るのであれば，営業組織など不要ということになりかねない。

　営業組織は，製造業であれば製造機能と顧客の中間に存在する。「マーケティングの目的は営業を不要にすること」とドラッカーはいっているが，営業組織は今こそ自分たちの存在意義を再確認しなければならない。

　そこで，営業組織が売上ではなく顧客の成功に着眼しているいくつかの先進事例を見てみよう。

② 企業事例

　先進事例として，大和証券，サントリーウエルネス，再春館製薬，コベルコ建機を紹介する。

1　大和証券

(1)　企業概要

　現在の大和証券は，四大証券会社の一角であった旧大和證券が持株会社に移行したことに伴い，そのリテール部門を継承する形で1999年に発足した。2022年3月末の営業収益は6194億円，経常利益は1358億円である。

⑵　大和証券のNPSによる顧客の成功ロイヤルティ向上

　大和証券は，顧客満足度のものさしにNPS（Net Promoter Score：ネット
プロモータスコア：第3章「販売プロセスからカスタマージャーニーへ」でも
述べたが，NPSは自社の商品・サービスについて顧客ロイヤルティを数字で
把握するものであり，米国コンサルティング会社，ベイン・アンド・カンパ
ニーのフレデリック・F・ライクヘルド氏が2003年に『ハーバード・ビジネ
ス・レビュー』誌で発表し，世界中で注目されるようになった。現在，欧米で
は公開企業の3分の1以上が活用しているとされ，日本においても導入する企
業が増えている。多くの日本企業が採用している顧客満足度調査と比べて，よ
り財務的な業績に直結する指標といわれている。）を導入している。

　同社は中期経営計画の中核に営業改革を据えている。もともと，顧客本位を
徹底するため，現社長である中田誠司氏が営業本部長時代の2017年4月より，
個別商品の販売目標をなくし，顧客に近い支店がボトムアップで目標を考える
形に変えた。数値目標についても営業収益（売上高）を目指すのではなく，
NPSを計測することで顧客視点での営業体制に向けた改革を大々的に推進し
ている。それ以前に行っていた顧客満足度アンケートとは異なり，NPSは顧
客からの支持をより忠実に表しているため，同社の改革の方向性と合致してい
た。

　中期経営計画についても，株式や投資信託といった個別商品による構成では
なく，預かり資産80兆円という大きな目標に対して顧客本位を貫くことによる
実現を目指している。

　NPS導入後は，顧客に一番近い接点である各支店，各営業担当者が前線で
顧客の求めているものを探索する形に変わった。18年には，全国の支店を複数
グループに分け，先行導入した店の事例を生かしながら試行錯誤を繰り返し，
1年かけてNPSによるオペレーションを導入していった。その際，支店長が
どの程度，NPS導入に納得しているかがカギとなったため，丁寧に説明を繰
り返した。そして全支店のNPSを定期的に開示し，顧客の声を起点に活動が

できているかを確認し合っている。同社のNPS推進部は，NPSのスコアのよしあしではなく，各支店が改善活動に取り組む姿勢・内容を把握することに努めている。

　40人弱のNPS推進部には，14人のインターナルホールセラーが存在し，全国を回って支店の実績を確認している。

　インターナルホールセラーは優秀な営業担当者の中から選出されており，本部と支店のパイプ役として20年前から重要な役割を果たしていたが，現在は，支店の改善活動のサポートの推進，営業現場の声を本部に伝えるなど，コミュニケーションによるNPSの浸透に努めている。

　そのための活動は，営業担当者が特定の活動を行うとアンケートが自動的に発送されて結果がNPS推進部に届けられ，支店にフィードバックされるという改善ループが回される形になっている。支店単独では改善できない場合はNPS推進部が調整し，本部の関連部署にフィードバックされ改善策を推進している。この活動は中田社長にも定期的に報告されている。

　また，NPSの浸透のため19年度には評価体系に顧客の運用パフォーマンスに関する項目を取り込み，顧客の利益を第一に考える仕組みを整備し，20年度には顧客に高い付加価値を提供するための営業体制に進化している。

　このように，顧客満足度を高め，顧客からの信頼を得ることを基盤として，預かり資産から手数料をもらう資産管理型ビジネスにビジネスモデルを転換しようというものである。

　このようにNPSを推進した結果，顧客を主語としたコミュニケーションが活発になり，部門間の壁が低くなった。組織として顧客とのコミュニケーションが量も質も向上し，相続，不動産，M&Aなどにビジネスチャンスが広がっていることを営業担当者も実感している。

　何より，NPSスコアと顧客の投資パフォーマンスとの関連性が高いため，顧客の投資パフォーマンス改善が，顧客とより太く，より長い関係構築につながると考えられる。活動を継続するには，営業担当者に日頃接している課長クラスの知識や部下とのコミュニケーション力の強化が重要になる。相続，不動

産，M&A といった金融に関連する知識を身につけ，より幅広く顧客の声に対応することを目指している。

　証券業界では，売り手と買い手を仲介するブローカー業務は手数料ゼロに向かっており，大変厳しい状況にある。そこでポイントとなるのがいかに包括的なコンサルティングができるかということである。そのため，NPS の活動を通じて個々のクオリティをどれだけ高められるかを大事にしている（**図表4-1，4-2，4-3**）。

図表4-1 商品ごとの提案からゴールを実現するための提案へ

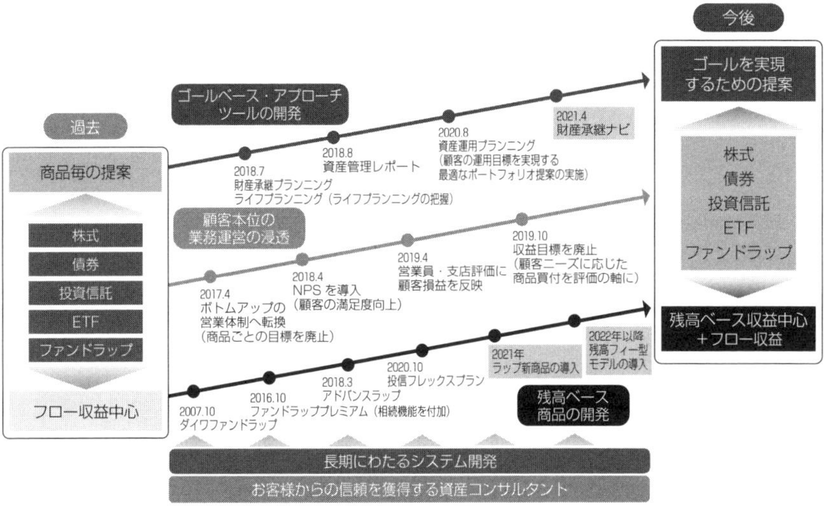

（出所）　大和証券 Web サイトより作成

図表4-2 「大和版 NPS」を原動力とした展開フェーズ

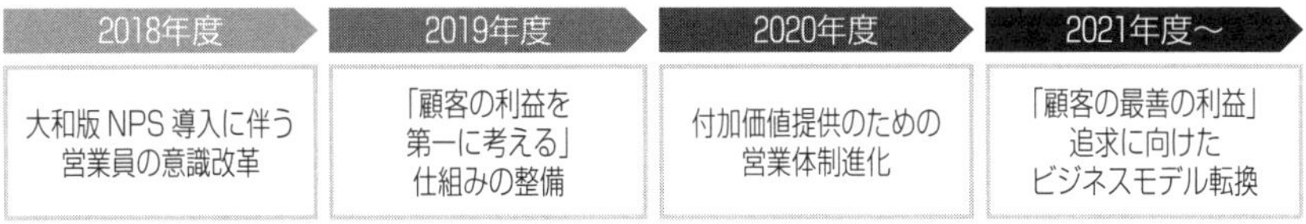

（出所）　大和証券 Web サイトより作成
https://www.daiwa.jp/policy/fiduciary_example.html

図表4-3　大和証券による「お客様の声」を起点としたNPS向上に向けた取り組み

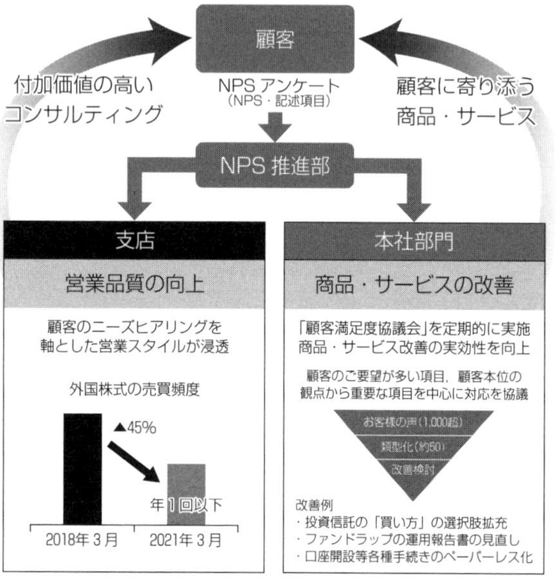

（出所）　大和証券Webサイトより作成

(3)　顧客第一という姿勢を全社に浸透

　大和証券がこのような活動を続けるのは，顧客からの信頼が持続的成長の源泉と考えているからである。そこで，真心を込めた誠実な対応をすることを掲げた「おもてなし宣言」を表明し，教育を徹底している。

　具体的には，顧客対応に従事する社員に対して，マーケットや商品の知識だけでなく，応対スキルの向上にも取り組んでいる。また，インターネットで来店日時や相談内容の予約サービスを実施し，店頭での待ち時間を短くしている。

　2020年1月には，顧客本位の営業について定義した行動指針を策定し，新しい文化を醸成しようとしている。より深く顧客を理解し，資産形成および資産寿命の長期化に貢献することにより，「顧客の最善の利益の追求」を実現するのが狙いである。

　この考え方を社内に浸透させるため，社内広報誌や社内放送を通じたメッ

セージを発信するだけでなく，経営陣が全国の支店を訪問して社員と意見交換などを行っている。このような活動がグループの一体感，社員のモチベーション，エンゲージメントレベルの向上に寄与している。

17年からは全社員を対象にCQ1会議（クライアント1st Quality No1）を実施し，同社の歴史や企業理念，市場環境について学び，１人ひとりが目指すべき方向を考える場を設けるなど，顧客に選ばれる証券会社となることを目指している。

その結果，NPSベンチマーク調査2019において，対面証券部門で同社は１位を受賞している。

2　サントリーウエルネス

(1)　企業概要

サントリーウエルネスは，健康食品や化粧品・美容商品の通信販売を行うサントリーホールディングスの子会社である。誰もが「心も身体も健やかで美しく，人間の最も輝いた状態」であってほしいという想いの下，事業を推進している。2020年12月期の売上高は前期比10.4％増であった。

(2)　サントリーウエルネスの目指す「共生」の実現

サントリーグループは，1973年に「人間の生命の輝きをめざし 若者の勇気に満ちて 価値のフロンティアに挑戦しよう 日日あらたな心 グローバルな探索 積極果敢な行動」という社是を制定した。同年には中央研究所も設置し，「自然の恵みをサイエンスして，人びとの健康に役立つ素材や成分の研究」を開始している。「ウエルネス」という英語の本質は心の健康を意味する。同社のウエルネスという社名には，「心も身体も健やかで美しく，人間の最も輝いた状態」を実現したいという想い，ビジョンが込められている。

サントリーウエルネスは10年以上にわたる研究の末，93年にサプリメントの「セサミン」第一号を発売した。2000年にはダイレクトマーケティングに切り

替え，現在では年間延べ200万人超の顧客に商品を届けている。「老化を科学する」という着眼点と，「自然由来の素材や成分で健康維持をサポートする商品を提供する」という2つの概念が同社の非常にユニークなところであるが，「老化を科学する」が象徴するように，病気を予防して健康寿命を延ばそうというのが同社のそもそもの出発点である。

　一方，人生100年時代に突入したといわれる今，健康であるかどうかにかかわらず，誰もが自分らしく輝く「共生」という考え方を大切にし，顧客の人生に寄り添っていくような会社になるというのが，沖中直人社長の挑戦である。

　同社は顧客に伴走するウエルネスパートナーでありたいと考えており，そのためには，顧客の心の中にある不安や不便，不満といった負の側面も含めてしっかりと理解する必要がある。シニア顧客の困り事を観察・把握して，そこに寄り添いながらサービスを提供しようとしているのである。

　その際，要となるのはやはり顧客とのコミュニケーションである。顧客と常に誠実に接し，徹底して観察を行う。沖中氏はそのためには社員1人ひとりの意識変革が何よりも大切であるという。

　沖中氏が全社員に期待していることは，同社のビジョンを常に意識し，自ら意思決定できるようになることである。

　そのために求められるのは，シニア世代がどのようなことを考えているのかをまず徹底して理解しようとする謙虚で誠実な姿勢である。そして，シニア顧客が一体どのようなことに悩み，どのような課題を持っているのか，どのようなときに幸せを感じるのかを理解し，顧客それぞれの多様性に合わせて丁寧に対応しなければならない。

　同社では，顧客の対応にもバリエーションを持たせている。たとえばお客様センターでは顧客の注文や手続きを行うだけでなく，顧客の体，肌に関する悩みの相談にも乗っている。お客様センターは全国に4カ所あり，電話，メール，チャット，LINE，はがきなどに対応している。

　ここで徹底しているのは顧客を洞察することである。対話を通じて，顧客に晴れやかな気持ちになってもらうことに努めている。これらはすべて，同社が

顧客にとっての伴走者（ウエルネスライフパートナー）であり続けたいと考えているためである。

　課題は，社員にはメイン顧客であるシニアとしての実体験がないということである。分からないことを前提にいかに理解するかが重要なので，シニアの行動・考え方に向かい合いながら想像力を働かせて慮る姿勢を自分たちの習慣に組み込むことを重視している。

　また同社では，顧客に関するより深い洞察を得るためにデジタル技術を活用しており，デジタル人材も積極的に採用している。既存事業のさらなる成長に対する取り組みや新規事業戦略を実行する際，同社に日々蓄積されつつある，シニア世代をはじめとしたさまざまな顧客の生きたデータを分析し，顧客にとって本当に価値のある商品・サービスの開発につなげている。このような人材は，いわゆるジョブ型雇用（同社では「高度専門社員人事制度」として推進）で集められている。

　雇用に関していえば，同社ではジョブ型とメンバーシップ型のハイブリッド制度を採っているのは特徴といえよう。

　ただ沖中氏は，ジョブ型かメンバーシップ型かという議論はナンセンスであるという。従来のメンバーシップ型雇用にもよい部分はいくつもある。

　たとえばジョブディスクリプションに厳密になると，職務定義間にどうしても隙間が発生してしまう。日本人にはこのようなジョブとジョブの隙間にあるいわゆる「三遊間」を拾いに行く特性がある。これはむしろメンバーシップ型雇用の素晴らしいところであるともいえる。

　一方，現在，日本企業が直面している問題点は，ビジネスモデルを変革する際に必要な高度な専門性を持ったデジタル人材が社内にいないか，いたとしても極めて少ないということである。こうした人材はスキル要件を明確にして採用することが必要であり，ジョブ型での採用が求められる。

　しかし，すべての採用をジョブ型にしてしまうと，メンバーシップ型雇用のよいところまで失われてしまう。そこで，データサイエンティストなどのデジタル人材についてのみ，要件を明確に定義した上での人材獲得を実施している。

　デジタル技術を活用することで，シニアの嗜好性とそれに対応できるマーケティングのさらなる拡充を目指しているのである。

　ジョブ型とメンバーシップ型を組み合わせたハイブリッド型人事において大事なのは，共通の規範となるビジョンである。掲げたビジョンを達成するには，常にシニア顧客を洞察し，彼らの本質的な悩みは何であるかを問い続けることが不可欠である。そしてそのような姿勢を全社員共通の考え方・価値観に昇華させることを目指している。それができれば，ジョブ型雇用のデジタル人材もメンバーシップ型雇用の社員も共通した考え方で働くことができる。

　同社では，22年4月に，ジョブ型雇用で採用された人材とメンバーシップ型雇用で採用された人材の行き来を自由とした新人事制度をスタートさせた。

　これにより，メンバーシップ型で採用された人材がデジタル技術を習得し，ジョブ型の業務を担当するようになるなど人材の行き来が活発になり，両者のコワークが今後さらに活性化する効果をもたらすことが期待されている。

　さて，デジタル技術の活用で忘れてならないことは，デジタルトランスフォーメーション（DX）は決して目的ではないということである。

　つまり，同社にとって実現しなければならないのは，誰もが「心も身体も健やかで美しく，人間の最も輝いた状態」（ウエルネス）という同社のビジョンであり，デジタルはあくまでもそれを実現するための手段であるということだ。

　沖中氏は，「世の中で起きていることすべてをデータで因数分解し，数学的に解釈することができるわけではない。それだけでは解決しない問題があるし，データ解析だけでは人を幸せにできない」と述べている。人は自分が実際に経験した以上のことは分からないため，現役の社員が60代，70代のシニアの悩みを理解するのは難しい。しかしながら，顧客の思いを理解しようとし続ける姿勢こそが大切というわけだ。

　企業としてどのようなビジョンを目指しているのかを，社員1人ひとりが常に強く意識し，実現するために自分は何をすべきのかを考えられれば，雇用がジョブ型であろうとメンバーシップ型であろうとさほど関係ないという。

　このような姿勢こそが，顧客のウエルネス実現に必要なのである。

3　再春館製薬所

(1)　企業概要

　再春館製薬所は，熊本に本社を持つ，基礎化粧品「ドモホルンリンクル」，医薬品，医薬部外品などの製造・販売をする会社である。2022年3月末の売上高は270億円，従業員数は1040人（22年5月現在）である。

(2)　再春館製薬所の掲げる「顧客への豊な人生へのお手伝い」

　再春館製薬所は1932年に漢方の製薬会社として開業，74年に発売を始めた「ドモホルンリンクル」に代表される，人間が本来持っている自己回復力に着目した商品開発を行っている。

　顧客は全国に27万6400人（2022年3月末時点），リピート顧客の売上が9割以上を占め，6割は5年以上の顧客となっている。これは，年齢を重ねた悩みを解決し満足してもらうために，顧客との向き合い方や社内改革を続けてきたことによる。

　同社の商品は通信販売でのみ購入できる。注文は電話，メール，チャットなど，時代の変化に応じてさまざまな窓口を設けているが，いずれも顧客1人ひとりとの関係性を大事にすることを徹底している。顧客の悩みに対して真摯なアドバイスを心掛けているという点はどの窓口でも同様である。

　同社では顧客応対を担当するコールセンターのオペレーター社員のことを「お客様プリーザー（Pleaser）」と呼んでいる（※ プリーザーは「喜んでいただくための人」という造語）。応対に関してトークマニュアルは存在しない。基本的なオペレーション，商品や肌，体に関する知識と経験を積み重ねた社員間のケーススタディから，顧客が最も満足することを第一に考えている。たとえば，お客様プリーザーが電話で伝え切れなかったアドバイスは決してそのままにすることなく，手書きのメッセージとして商品を発送する際に同封するなどの工夫をしている。

　また，顧客を待たせないように5秒以内の応答目標を95％とし，10秒以内での応答は98％を実現する体制を敷いている。お客様プリーザーの対応業務は，顧客の注文，問い合わせ，肌の悩みについての相談と多岐にわたるが，きめ細かい心配りをすることで前回担当したお客様プリーザーに指名で電話が入るケースもある。顧客にとって電話をかけやすい環境をつくることが，顧客に寄り添うことの第一歩でもある。

　こうして顧客から集めた声は，会話中に取った手書きメモとしてデーターベースに蓄積されていく。現在は，タブレット端末に手書きで書き込むという手法を採っている。顧客の話を集中して聴きながらそれを記述するのはそれなりのスキルが必要である。しかし，あえて手書きのメモを残すことで顧客から届けられた声をニュアンスとともに伝えることができ，次の担当者もその文面から顧客の想いを理解し，親身になって応対することができる。顧客には特定の担当者が存在しないため，その手書きのメモをなかだちに顧客の想いをバトンのようにつなぎ，担当者自身の足跡もしっかりと残しておくことに努めている。常に顧客の立場になって考える，これがお客様プリーザーの真髄である。

　また，同社ではコールセンターの会話とは別に顧客アンケートを実施しており，顧客満足度を独自にスコア化して，商品やサービス，応対をモニタリングしている。顧客からの声は社内で共有し，さらに「お客様満足室」として設置された場で，部署の社員と企画担当部門，製品にかかわる製造や研究開発，そして顧客と対話を行うコールセンターの現場の社員それぞれが，定期的に「お声会議」と呼ぶミーティングを実施し，迅速に対応に当たっている。

　このような顧客の声を基にした改善活動は，部門間の壁をなくし，組織横断的に取り組めるという効果も生み出している。たとえば，同社の機能性表示食品「歩みのゼリー」では，顧客から味に関する改善要望があれば，研究開発部門，企画部門に加えて，実際に応対するお客様プリーザーが議論を重ねた。機能性はそのままに，少しでもおいしさを感じてもらえるようにと冷やして食べるなどの提案や食材のフィードバックがなされるなど，組織として真摯に向き合い，改善に取り組んでいる。

　顧客の声を端緒とした取り組みは，商品にかかわることだけではない。たとえば，肌の乾燥に関する悩みが多い場合，悩みの本質をつかむために「乾燥」というキーワードの前後から想いや感情を察することを重視するという姿勢が大事であるという。注文の電話でも最近の肌の状況を聞いた上で，必要な情報やアドバイスを電話で伝えたり，伝え切れなかったときには書面で補ったりもしている。その根底には顧客の肌の状態をよりよくしたいという使命があるからだ。

　このように，顧客に満足してもらえるようなサービスを提供し，喜んでもらうにはどうすべきかを考えることが同社の行動基準なのである。

　また，かつてはこういった業務の評価ポイントといえば，受けた電話の本数や会話の量といった定量的なものが中心であったが，現在は「顧客に喜んでいただく」ことを第一に，社員がいきいきと働くことを評価の軸としている。

　社員間では，顧客応対やサービス提供において特に喜ばれた事例を社内SNSを通じてのレポート動画や社内掲示などで月に一度発信し，全社で共有している。また，各チームから推薦された取り組みに関しては，社員参加型の投票を行い，担当した社員およびグループを全社表彰している。顧客に満足してもらえること，感動してもらえることが社員のやりがいやいきいき働くモチベーションにつながり，結果として顧客も社員も幸せになるというのが同社の考え方である。

　さらに，同社の強みは商品の製造と販売を一体化させていることである。お客様プリーザーが顧客の声を現場にいち早くフィードバックし，顧客に対して自信を持って安心安全な商品を提供することを可能にしている。これも，より高いレベルの顧客満足を実現するにはなくてはならないとの考えからである。

　同社の活動がこのように全社一丸となって行われている背景には，代表取締役CEOである西川正明氏をはじめ，役員や経営陣が社員に対してメッセージを積極的に発信していることが大きく寄与している。

　同社の経営理念「ありたい姿」は，顧客，社員，家族，協力企業，地域すべてが幸せであり続けるための，あるべき姿でもある。この理念が全従業員に浸

透することで顧客に提供するサービスの品質向上につながり，さらには従業員のエンゲージメントの向上にもつながるのである。

4　コベルコ建機

⑴　企業概要

コベルコ建機は神戸製鋼の子会社であり，同社グループの中核として機械事業セグメントを担っている。2021年度の売上高は3716億円，従業員数は2234人（グループトータル8188人：22年3月31日時点）である。

⑵　コベルコ建機の遠隔操作事業「K-DIVE CONCEPT」

コベルコ建機は2015年，人手不足が予想される社会課題とされ始めた頃，若手と中堅の営業人材と開発人材を集めてアイデアソンを開催した。当時まだ今ほど深刻化していなかった人手不足という社会課題に，遠隔運転で対応できるのではないかと議論したことがそもそものきっかけであった。

もともと，このアイデアソンは開発部門を中心に行われていたが，このときは営業部門を交えるなど多くの部門が参画して議論が交わされた。

そして，実際にそこで出たアイデアを具体化しようということになり，専任チームができた。アイデアを出した営業担当者だけでなく，広報やマーケティングの担当者なども含め，男女問わずメンバーに入った。

今回，インタビューを受けていただいた同社執行役員の山﨑洋一郎氏は，当時，R&Dを担当しており，次の製品開発，技術開発を推進していた。

そして，同年，遠隔運転事業「K-DIVE CONCEPT（以下，K-DIVE）」のコンセプト策定からスタートした。現在，さまざまな検証を進めているK-DIVEだが，その実現に向けての取り組みは，大きく3つのステップに分けて段階的に実用化を目指し，研究開発を進めている（**図表4-4**）。

STEP1では，近距離での遠隔操作をターゲットにしている。ローカル無線通信環境を利用して，現場にある事務所からの遠隔操作を実施する。顧客の協

図表 4 - 4 コベルコ建機の K-DIVE 開発ステップイメージ

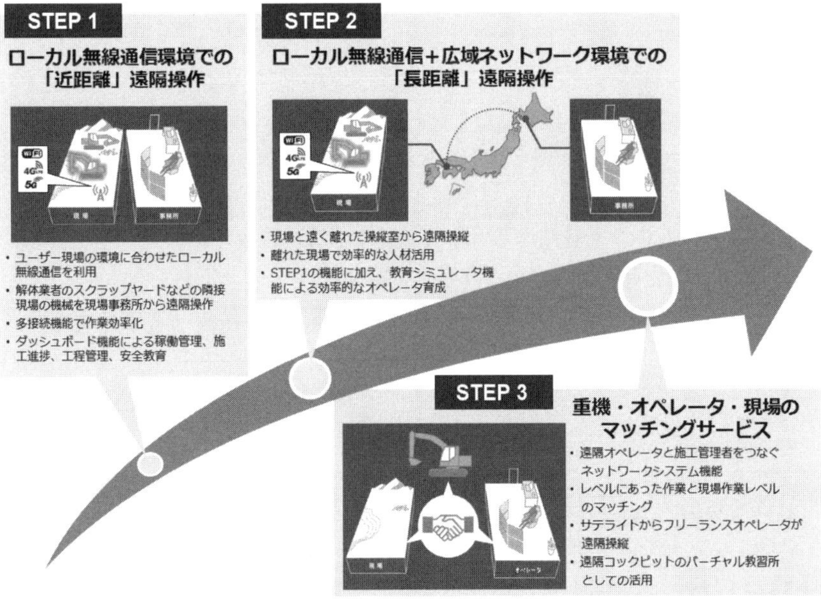

(出所) コベルコ建機 Web サイトより作成
https://www.kobelcocm-global.com/jp/innovation/technology/kdive/

力の下，既に現場で検証を行っており，機械に搭乗しての操作と比較して，反応速度や作業効率などほぼ同等の操作を実現している。現在，22年度内の実用化に向けて，開発・検証の最終段階へと進んでいる。

STEP2では，光ファイバーケーブルなどの広域ネットワークを活用した遠距離での遠隔操作を実現しようとしている。そして，STEP3では，クラウドマッチングシステムと遠隔操作の融合を，25年の実用化を目指して取り組みを加速させている。

同社のこの活動には，16年当時社長であった楢木一秀氏のバックアップが大きく寄与している。楢木社長の強いバックアップの下，岩満裕明グローバルエンジニアリングセンター副センター長が強力なリーダーシップを発揮して推進した。当時，グローバルエンジニアリングセンター長であった木下章氏も強力

にバックアップをした。こうした経営陣の後押しも K-DIVE 推進の大きな機動力となっている。

　また，産学連携も活動を強化した。広島大学と包括提携を締結し，遠隔操作をテーマとして取り上げた。遠隔操作というテーマはオープンイノベーションと相性がよく，既存製品以外の新たな技術に大学と連携して取り組むことができた。

　産学連携により，遠隔操作という今までにはない価値の提供という挑戦について，広島大学の教員からもアイデアが多く出された。この活動を経て，17年10月に国内の展示会に初出展，18年初めには日本経済新聞に記事が掲載された。この展示と記事に顧客から反響が多く寄せられた。

　さらに，18年4月にパリで開催された世界三大建機展示会の1つである「Intermat2018」に，油圧ショベルの遠隔操作システム「K-DIVE CONCEPT」を海外で初出展した。ブースでは VR シミュレータを使い，フランスから日本の現場の遠隔施工体験を提供した。このように，顧客が痛切に感じている課題に問題提起をしたのである。

　コベルコ建機のこの問題提起は SDGs にも合致しており，人手不足という深刻な社会課題を解決しようとしているものである。このような展示を重ねることで，重機を扱う企業からも反応があった。

　たとえば，産業振興という鉄スクラップ事業を展開する企業は，当時，人材獲得において困難に直面していた。そのような中で同社の経営者は，K-DIVE はその課題を解決してくれる可能性があると考えたのである。そして，コベルコ建機とともに実証実験に取り組むこととなった。その実証実験は，産業振興の事業所内スクラップヤードでローカル無線通信環境を利用し，ヤード内事務所から約100m 離れた現場にあるコベルコ建機の35t クラスのリフティングマグネット仕様機（油圧ショベルをベースとしたハンドリング機械）を「近距離」遠隔操作するというものであった（**図表4-5**）。

　K-DIVE の近距離遠隔操作は，機械に搭乗して操作した場合とほぼ同等の品質（通信速度，作業効率など）での操作が可能な段階にあり，1年程度の長

図表4-5　近距離での遠隔操作

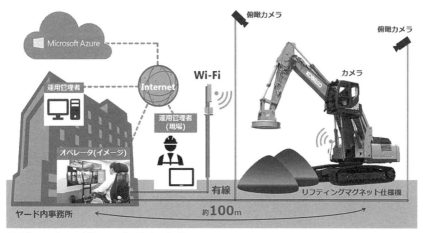

（出所）　コベルコ建機 Web サイトより転載
https://www.kobelcocm-global.com/jp/news/2020/201201.html

期にわたって実作業を行い，商用化に向けた最終確認をした。

　K-DIVE の開発・事業開発で大変だったのは，コベルコ建機が保有していない技術とどのように統合するかということであった。そこで，外部との連携ができる人材を育てることが必要となった。

　一方，日本マイクロソフトなど企業との連携も積極的に行った。国土交通省が建設土木産業の働き方改革を推進する中で，オフィスの働き方改革を先行して進める日本マイクロソフトと現場の働き方改革をともに推進することを決めた。

　同社にとっての課題は，国交省などとともにガイドラインを作成するといったルールメイキング面であった。また，現実的な通信環境で運用できることも欠かせない条件であった。そのため，産業振興は従来の通信環境で実証実験を行った。将来的には5G などの高速通信環境で動かせることが理想ではあるが，現時点でできないとなれば使用できる環境が限定されてしまい，実用は難しくなると考えていたからである。

　また，従来の建機販売と異なり，現場の働き方変革に向けた「コト」の提供を浸透させる点が難しいことも課題である。これには，顧客が実現したいことを理解し，顧客を成功に導くという考え方を一層強く持たなければならない。つまり，建機の売り切りビジネスではなく，顧客の課題を的確に捉え，遠隔操作でオペレーションを変えることによって人手不足などの課題を解決し，顧客を成功に導くという考え方である。

　それは当然，遠隔操作によって経営課題がどのように解決できるのかを説明できなければならないということであり，遠隔運転の導入・運用におけるガイドラインも導入経験の積み重ねとともに更新していくことを意味する。

　K-DIVE の活動は，社内に大きな変革のうねりを起こしているという。実際，このような新しいビジネスモデルを構築する取り組みは，若い人材の定着率を上げている。

　同社は，K-DIVE のコンセプト開示により，顧客を成功に導くという発想の下，オープンシステム，エコシステムなどのコンセプトを発信し，積極的に外部企業と連携している。そしてそのことが多くのメディアに取り上げられ，副次的にそれを見た同社社員も自社に対する評価を高めるという効果が出ており，結果として若い人材の定着率アップにつながっている。

③　顧客の成功を実現する組織と機能の在り方

　顧客の成功を実現するには，①自社の存在意義の再確認，②目標値の再設定，③営業マネジメント層の意識改革，④カスタマーサクセス部門の設置，⑤共感と共鳴の場づくり，の5点が必要となる。

1　自社の存在意義の再確認

　自社は何のためにその事業をしているのか，それを再確認するのは大事なことである。昨今，パーパスやあるべき姿などを再定義する企業が増えている。これは，「顧客の成功とは何か」を明確にするにはどのような課題を解決した

いのか，何のために事業をしているのかが明確になっていることが大前提だからである。

　たとえばコマツは，土木産業の人手不足という社会課題を解決したいと考えている。そのため，スマートコンストラクション事業を推進し，プラットフォームとそれに対応した ICT 建機を提供することで課題の解決と施工会社の事業の成功をサポートしようとしている。

2　目標値の再設定

　筆者は，営業組織が現行のノルマを思い切って廃止することも一つの手段であると考えている。

　大和証券の事例でも取り上げたように，重要なのは顧客の成功である。「顧客視点で考えること」と「今月いくら売りたいということ」は相性があまりよくない。実際，大和証券以外でも金融機関では個人目標の廃止などの動きが出始めている。

　たとえば，三井住友銀行は2019年4月に個人目標を廃止した。同行は4年間の準備期間を置いた後，個人営業における業績や人事の評価体系，研修体系などを変更し，15年度から商品によらず投資信託の業績評価上の行員料率（手数料）を一本化し，顧客にとって不利な商品の購入につながる可能性をなくした。16年度にはストック収益資産残高を業績評価項目にし，手数料から顧客の預かり資産残高で業績評価をするように変更している。

　さらに18年度にはストック収益資産残高評価の比重を上げ，外部機関調査による顧客の声を業績評価に反映している。その間，ノルマ廃止に向けて，現場の行員から管理職まで研修を繰り返し，顧客本位の営業への意識改革を徹底してきた。

　この一連の取り組みによって，同行は収益評価と金融商品販売における個人目標を廃止できた。ポイントは売上を上げるということから，顧客に成功してもらうということへの意識改革である。

　大和証券や三井住友銀行のように，営業ノルマを廃止するにはどうしたらい

いのだろうか。よりよい顧客体験を提供すれば顧客満足度を高められ、顧客が
さらに商品を購入する、もしくは商品をアップグレードすることにより、結果
として売上は上がることになる。問題はこれをどうやって定量的に測れる目標
にできるかである。そこで、大和証券の事例で同社のNPSを紹介した。

　NPSは顧客ロイヤルティを数値化した指標で、「推奨者の正味比率」を意味
し、企業やブランドに対してどれくらい愛着や信頼があるのかをスコア化した
ものである。NPSがあまり好ましくない結果となった場合、顧客がどのよう
な理由で離脱しているのかを明確に把握する必要がある。なぜならば顧客は、
商品購入後に何らかの不満を抱いたとしても、それを相談した企業の対応に
よっては離脱してしまわずにファン化することも起こり得るからである。つま
り、売上目標達成より顧客の成功を全社一丸で考えるべきなのである。

3　営業マネジメント層の意識改革

　変革を推進するには、何よりも営業マネジメント層の意識改革が必要だ。実
際に営業組織の変革に着手すると、中間管理職が抵抗勢力になるケースが多い。
　経営層は市場環境の変化に対応するため、大きな変革を推進する必要性や危
機感を肌で感じるものである。一方で、若手は入社から比較的間もないことか
ら、組織に染まらない感性を持っており、顧客の変化も自社の常識というバイ
アスを通さず、肌で感じることができるものである。
　ところが、中間管理職は長年の営業ノルマの管理が浸透しており、急に考え
を変えるのは難しいということが往々にしてある。営業マネジメントによる管
理とは、今月どれだけの売上が上がるかの管理である。もちろん、人によって
は顧客の課題を理解したり、顧客を成功に導くための提案シナリオの検討など
をコーチングをしたりしているケースもあるかもしれない。しかしながら、筆
者が多くの営業組織と接している中では、どちらかというと売上予測の積み上
げを行う目的が主体となっており、営業マネジメント層との対話をきっかけと
して営業担当者が飛躍的に成長するというケースはあまり多く見られない。し
たがって、顧客の課題解決と成功のためのコーチングがすぐにできるようにな

るかといったら難しいだろう。

　そこでまず，営業マネジメント層に対するコーチングスキルの教育が必要となるのだが，実はこれが最も困難なことである。だからこそ，チェンジマネジメント，つまり変革を推進するためのワークショップや評価体系の抜本的変革などをセットにしないと，魂のこもらない変革で終わってしまう。

　前述の三井住友銀行は，2017年度にはストック収益資産残高評価の比率を高め，顧客の声を業績評価に反映し，ノルマを廃止して顧客本位の営業への意識改革を徹底している。ここで最も重視されるのは，営業マネジメント層の意識改革である。経営層の変革に対する思いや若い世代の変革マインドがいくら高くても，営業マネジメント層が「結局，今月いくら売れるのか」といった途端に変革はすべて止まってしまう。筆者はそうした事例を過去何社も見てきた。

　経営層と担当者レベルとのうまい橋渡し役になるという，従来の日本企業の中間管理職の強みをこの変革において取り戻すべきである。

4　カスタマーサクセス部門の設置

　顧客の成功を目標として組織の活動を推進するには，推進をサポートする専門部門の構築も有効である。

　たとえばサイボウズでは，2020年1月にカスタマーサクセス部を立ち上げた。電話やメール，Zoom などさまざまなチャネルを使い，顧客の製品活用に関する相談に乗って，活用方法の提案を行い，導入推進のコンサルティング，ときにはアプリの共同作成を進めている。

　こうした支援は一度で終わることはなく，継続的に行われている。これは顧客の自走力を高めることを目的としている。そして，顧客が自らの成功に向けて活動できるようになると，その後，さまざまな活用シーンに広げられる。サイボウズがこのようにカスタマーサクセス部を設置する背景には，ただ製品を売るということからサブスクリプションに代表されるリカーリングモデルに移行して，顧客をいかに成功に導くかという目的を持つように変わったことが大きい。

　これを同社はスポーツジムにたとえている。製品の売上目標を抱える組織であれば，販売後，カスタマーサポートで顧客の不明点があればそれを支援をするというスタンスでよかった。しかしそうではなく，「ランニングマシーンを使うユーザーに対して，1年間で5kgやせるという目標を達成するためにどう支援するか」といった具合に意識改革を遂げたのである。

5　共感と共鳴の場づくり

　そして，このように推進してきた活動結果を共有し，共感・共鳴する場づくりが必要となる。

　たとえば，味の素では「ASV（Ajinomoto Group Shared Value）」という活動を推進し，社会と価値を共創することにより，食と健康の課題解決に取り組んでいる。活動の成果は従業員間で共有され，革新性・独創性のある事業を通じて社会価値と経済活動を共創した取り組みを「ASV アワード」として表彰している。

　また，コマツは自社の価値観を行動様式で表現した「コマツウェイ」の中で，ブランドマネジメント活動を推進している。顧客と自社の関係性を七段階で表し，自社が顧客にとってなくてはならない関係を構築するにはどうしたらいいかを示している。より上位の関係を構築するために顧客の課題を理解し，それを解決することでコマツは顧客を成功に導こうとしている。つまり，こうした理念を定着させるには，共感と共鳴の場づくりが必要であるということである。

　こういった活動には，営業だけでなく，設計，開発，マーケティング，アフターサービスなどさまざまな部門が組織横断的に参加すべきである。なぜならば，顧客の成功は営業という機能だけでは達成できないからだ。売上を上げるという目標から，顧客を成功に導くという目標への変革は，組織としての意識をさらに高め，部門間の壁を壊して同じ目標に向かって活動する組織へと変革を促すだろう。

　顧客が求めるものが製品から体験へと変化し，顧客の成功を支援することが必要となった今，営業組織だけではなく企業として組織全体が一体となり，変

革を推進することが何よりも求められる。

（参考文献）
・NTTコム　オンライン【NPSトップ企業に聞く顧客ロイヤルティ向上の秘訣
　2019】対面証券部門　第1位　大和証券株式会社様〜経営戦略から現場変革まで
　全社をあげてNPSに取り組む〜
　https://www.nttcoms.com/service/nps/column/interview2019/sec/
・HEROX「サントリーウエルネスのトップ，沖中直人が描くDX」（2021/01/18）
　http://hero-x.jp/article/10128/
・市場通信「インタビュー　10年間を振り返り，未来の姿を想像する。サントリー
　ウエルネス株式会社」
　https://www.callcenter.ne.jp/case/interview/suntory_wellness/
・NTTコム　オンライン【NPSトップ企業に聞く顧客ロイヤルティ向上の秘訣
　2018】通販化粧品部門　第1位　株式会社再春館製薬所様〜お客様に最高の商品
　とサービスを提供。豊かな人生を送るお手伝いをしていく〜
　https://www.nttcoms.com/service/nps/column/interview2018/cosmetic/
・エコノミストオンライン「ノルマ廃止した三井住友銀行　模索する新しい営業」
　（2019/09/17）
　https://weekly-economist.mainichi.jp/articles/20190924/se1/00m/020/042000c
・wantedly「『困っている人の役に立ちたい』だけでは活躍できません—サイボウズ
　のカスタマーサクセス部が大切にしていること」（2021/03/23）
　https://www.wantedly.com/companies/cybozu/post_articles/315557
・大和証券インタビュー
・サントリーウエルネスインタビュー
・再春館製薬所インタビュー
・コベルコ建機インタビュー

第 5 章

マス顧客対応から
ロングテール対応へ

① マス顧客対応の限界を乗り越えるために必要な論点

　顧客と価値を共創するには，顧客ニーズをいかに理解するかがポイントとなる。製造業にとって市場規模は重要であるが，規模を求めすぎると顧客の多岐にわたるニーズを捉えることが難しくなってしまうという二律背反した状態に陥る。均一な製品・サービスでは多様化している顧客ニーズに対応することが難しくなっているため，いかにバランスをとるかを考えなくてはならない。

　このように，マス顧客対応を乗り越えた対応が求められる理由として，①顧客ニーズの多様化・細分化・複雑化，②ニーズ対応と経済性の両立の難しさ，③流通依存の限界，が挙げられる。

1　顧客ニーズの多様化・細分化・複雑化

　現在，世間には既に一通りの製品が行きわたっており，顧客は基本性能だけではなくさまざまなニーズを持つようになっている。工場の中のFA（Factory Automation）装置であれば単にハードウエアを納入するだけでなく，顧客のライン設計に合わせた提案が求められる。シャンプーなどの消費財もさまざまなライフスタイルの消費者がおり，求められることはそれぞれ違う。またアルコール飲料の分野では，ビールの消費が落ち込む反面，ハイボールやワイン，ノンアルコールビールの消費量拡大など，ニーズは多様化・細分化している。

　これらの要因の1つに，消費者のライフスタイルへのこだわりが強まっていることが挙げられる。多様化する消費者のニーズにどう応えていくかがより一層重要となっているものの，そこには多くの困難を伴う。

　BtoCでは流通各社が大型化したことにより，店舗の棚を確保することで大量に販売することができた。そのため，顧客の変化より棚をどう取るかに依存してしまった。結果として流通が非常に大きな力を持ち，いつしかメーカーは流通の要望に合わせてモノをつくることだけで相当なリソースを取られ，消費者のニーズの変化に十分に応えられなくなったという一面もある。

BtoB でも同様にニーズが複雑化している。たとえば，IoT に代表されるように顧客の環境に合わせた提案が必要となっている一方で，いまだに営業担当者の属人的対応への依存度が高い傾向がある。顧客対応はフロントの営業担当者に任されており，良質な営業ノウハウは一般化することが難しいということもある。だからといって，多くの営業担当者がカタログスペックのものを販売するのみでは，営業不要ともいわれかねないリスクを抱えている。

このように，マス顧客対応は限界にきている。FA 製品であれば，センサー，PLC などを販売する際，顧客のライン設計をともに考え，生産性革新のための提案をできるかが重要になっている。つまり，営業部隊をソリューション部隊に変革することが求められているわけだが，多くの企業が挑戦しているものの，うまくいっている例は稀有である。これは FA だけでなく，事務機業界でも情報機器でも同じような状態である。これでは，営業担当者の存在意義はますます薄くなるばかりである。

こうした状況になってしまったのは，メーカーが顧客ニーズの把握を十分にできてないことも一因である。顧客ニーズを把握するには，仮説を立てて検証を繰り返すことが欠かせない。優秀な営業担当者は顧客ニーズをさまざまな方法でヒアリングしながら仮説と検証を繰り返し，提案内容を考え出していくが，そのようにできる人材はごく一部である。キーエンスのように営業担当者がニーズカードを作成し，顧客の潜在的ニーズをあぶり出し，先行して開発するという企業もあるがそれもまれである。

また，BtoC においても消費者のニーズが多様化しており，競合商品含め類似商品が並んでいるため差別化は極めて難しい。そこで，マス顧客として大きく捉えるのではなく，ニッチだが「切実なニーズ」をいかに把握するかが大事になっている。

2　ニーズ対応と経済性の両立の難しさ

顧客のニーズはさまざまではあるが，かといってそれに逐一対応していると経済性が伴わない。ニーズ対応と経済性をどのように両立させていくかがポイ

ントとなる。多くの場合，ニーズ対応にウエイトを置きすぎたBtoBの場合だと，横展開ができない個社カスタマイズ対応になってしまう。もちろんそれでは，得られる利益も少ない。

　さらに筆者がよく直面するのは，このような顧客向けのカスタマイズを担当している部門が高いエンゲージメント（従業員満足度）を持っていることである。「自社のDNAは顧客に真摯に向き合うことである」という強い自負があり，担当者にとって事業の経済性より顧客と真摯に向き合う優先順位の方が高くなってしまっている。ところが，事業として採算が取れなくてはその事業は持続できないのだ。

　BtoCにおいても同様である。消費者のニーズが多様化している中で，ニッチなニーズにターゲティングすれば，対象とする顧客数は少なくなるため，ニッチなニーズを持つ顧客の悩みがどれだけ切実であるかを見つけられるかが重要になる。そこで，ロングテールに着目する必要性が出てくる。

　「ロングテール戦略」は，2014年に米国の技術雑誌の編集長だったクリス・アンダーソンが提唱した考え方である。その手法を用いてAmazonなどのネット販売でリアルな書店では扱えなかった書籍が売れるようになった。また，YouTubeなどの登場でさまざまな人がクリエーターとなり多様なコンテンツが世の中に登場し，あらゆるニーズと合致するようになった。BtoCにおいては店舗からネットへという傾向だけでなく，店舗とネットの組み合わせもさまざまな形態で現れている。

　切実なニーズを持つ顧客は，Amazonで検索すれば，書籍などのカテゴリーはリアルな書店で在庫がなくても絶版になっている本でも見つけることができるようになった。このようなニーズを持つ消費者の悩みを理解し，正しくターゲティングし，そういった層の検索ワードを把握し，いかに適切なメッセージを出していくかということが重要な論点となっている。対象が小さくなる分，ある程度お金を出しても欲しいというニーズを捉え，アプローチできるかが問題なのである。そしてこの切実なニーズを捉えると同時に，いかに規模を拡大できるかという点が最も重要な論点となる。

3　流通依存の限界

　顧客と価値を共創するには，新しい価値を顧客に提案し続けなければならない。食品メーカーであれば，店舗で販売するマス向けの製品だけでなく，消費者に新しい価値やライフスタイルを提案し続けなければならない。

　実際，食品メーカーがスーパーなどの小売業者を通さず，ネット直販に乗り出す動きが出ている。背景には，小売業者が大手に集約され，相対的に流通のバイイングパワーが強くなって値下げの圧力が高まったという事情がある。小売大手が100円のビールをプライベートブランドで出すと，それに伴って飲料メーカーも自社ブランド品を値下げしなければならないという圧力に直面する。そうした中，たとえば，ニチレイは2009年5月から「低カロリー」を前面に出した冷凍弁当のネット通販を開始している。コンビニの弁当と比較すると価格は高めだが，健康志向の消費者からは支持されている。

　消費者の財布の紐が固くなり，スーパーマーケットはお買い得感で消費者の関心を引くことが主な訴求ポイントになっている。食品に関しては消費者は特に価格訴求をする傾向が強い。そしてこの傾向は，流通業界が再編して大型化したことにより他業界でもさらに強くなっている。家電製品においては，家電量販店のバイイングパワーの強さによってメーカーが適正価格で販売することが難しくなっている一面がある。

　こうした流通依存の状態では，メーカーの消費者に対するニーズ把握力が弱まるばかりである。今必要なことは，消費者のライフスタイル提案など，多様化するライフスタイルに合った新たなニーズの開拓である。したがって，メーカーは顧客と直接の接点を持ち，マスではない切実なニーズを探り当てていかなければならない。そしてメーカーは消費者のライフスタイルを知り，関心事や悩み事を常に把握し，それに対して訴求をする力をつけることが求められているのである。

② 企業事例

　先進事例として，BtoB ではミスミグループ本社とトラスコ中山を，BtoC では花王を取り上げる。

1　ミスミグループ本社

(1)　企業概要

　ミスミグループ本社（以後「ミスミ」）は，自動化産業における生産間接材を扱うメーカー，商社機能を持つ。FA などの自動機の標準部品を主に扱う FA 事業，自動車や電子・電気機器などの金型部品を主に扱う金型部品事業，流通事業としてミスミブランド以外の他社商品も含めた生産設備関連部品，製造副資材や MRO（消耗品）などを販売する VONA 事業などを手掛けており，2021年度の売上高は3661億円である。

(2)　時間戦略とカタログによるロングテール対応

　ミスミは，特注対応・受注生産が基本だった機械部品を標準化し，カタログ販売を実現した。顧客が型番・寸法を指定すれば，欲しい部品をすぐに注文できる仕組みを構築し，製造業の機械部品を効率的に調達できるようにした。「時間価値」，またこれを推進することを「時間戦略」と呼ぶ，同社の中核的考え方である。

　顧客にとっての時間価値は，発注してから3日以内に出荷されることであり，同社から購入する前は数カ月かかっていた部品調達の納期を圧倒的に短くすることができた。こうした時間価値を実現できているのは，仕掛品状態までベトナムで大量生産し，最終的な仕上げは市場に近い生産拠点で行うからである。つまり，コストと納期にトレードオフの関係を解消させているのである。

　グローバルでの短納期は，10年以上の歳月をかけた部品メーカーの開拓とと

もに，加工・出荷体制の構築，営業拠点・配送センター・生産拠点の連携強化
が礎となっている。また，このロングテールは自社の製造機能で実施するだけ
でなく，VONA 事業で製造副資材，消耗品の他社ブランド品を扱っている。
同社がこれまで扱ってきた FA 装置用部品や金型用部品に加えて，取り扱い機
械部品はサイズ違いも含め800垓（1兆の800億倍）種類にも上る。また，工具，
手袋，パーツクリーナーなどの製造副資材，消耗品までオンラインで扱ってい
る。

　同社は，顧客とサプライヤーをつなげるプラットフォームとして，2010年よ
り VONA 事業を始め，サプライヤーと直接取引できるネットワークを構築す
ることで，顧客に対してワンストップかつ低コスト・確実短納期で効率的な生
産間接材の調達を実現した。取扱製品は他社メーカーも含め3000万点を超えて
おり，VONA 事業の EC サイトは多くの顧客から評価され，現在，日本にお
ける電子受注率は90％以上に達している。

(3)　meviy 事業による時間戦略におけるさらなるイノベーション

　ミスミは，前述した時間価値・時間戦略をさらに高めるためにある事実に着
目した。日本の製造業の競争力低下と，その原因となっている生産性の低さで
ある。また，同社がその問題解決に貢献できる可能性が大きいということであ
る。

　同社は前述したカタログ化と標準化によって時間価値を創出してきたが，一
方で日本の製造業の競争力は落ちており，そのことは製造業の労働生産性の低
さにも現れている。OECD（経済協力開発機構）の調査で，2000年まで1位で
あった日本の製造業の労働生産性は，18年には16位まで落ちているのである。
さらに日本の製造業は人手不足と働き方改革による時間不足に直面している。
1980年代は豊富な生産年齢人口と1人当たりの就業時間があったが，現在，高
齢化で生産年齢人口は減少し，1人当たりの就業時間も働き方改革により大幅
に短くなっている。

　そのような中，同社常務執行役員の吉田光伸氏は，紙の図面による調達がモ

ノづくりのスピードを阻害しており，かねてより同社が進めてきたカタログ規格品では，全体の52％しかカバーできていないという事実に着目した。そして，残り48％の図面品領域に対して何らかのソリューションを考えたいとし，紙図面で調達されている領域にメスを入れることを検討した。

　同社の試算によると，製造業の調達現場では，仮に部品数1500の設備を例にとると，作図，見積もり，待ち時間を合計して1000時間もの時間を要しているという（**図表 5 - 1**）。

　この状況ではカタログ化だけでの解決は難しい。なぜならば，複雑な形状の部品は標準化しづらいものであり，標準化できたとしても顧客の選定作業が非常に困難であるという事実に直面したからである。

　また，同社が5000社のメーカーに行った調査によると，いまだ98％のメーカーが調達に FAX を利用していることも分かった。つまり，カタログ化できない部品の調達プロセスを改革すれば，さらなる時間価値の創出ができ，そこには大きな経済価値がある。そこで吉田氏が考えたのが「meviy（メビー）」というデジタル部品調達サービスである（**図表 5 - 2**）。

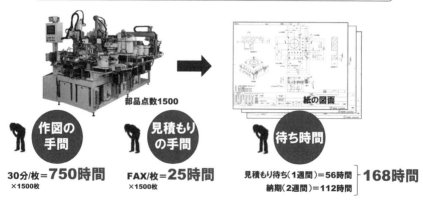

図表 5 - 1　メーカーの調達現場の実情，時間の三重苦（ミスミグループ試算）

部品点数1500　　紙の図面

作図の手間　30分/枚＝**750時間** ×1500枚

見積もりの手間　FAX/枚＝**25時間** ×1500枚

待ち時間　見積もり待ち（1週間）＝56時間　納期（2週間）＝112時間 ｝**168時間**

トータル時間＝約1,000時間（125日） ※ミスミ計算

（出所）　ミスミグループ本社提供資料より作成

図表5-2 ミスミグループ本社の製造業DX「meviy」の革新性

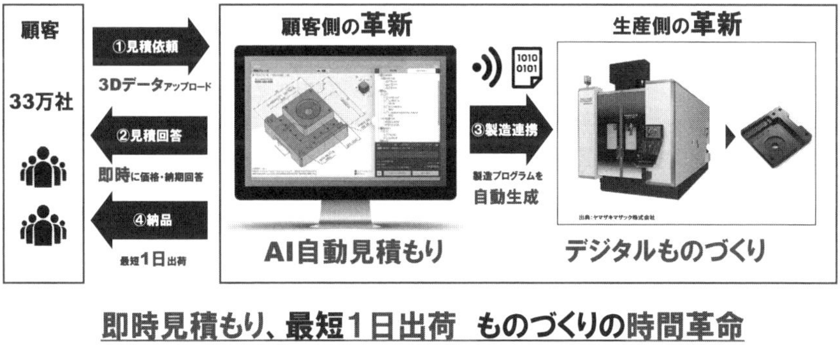

即時見積もり、最短1日出荷 ものづくりの時間革命

（出所）ミスミグループ本社提供資料より作成

　同社の試算によるとmeviyの効果として，前述した部品1500の設備における調達の場合，92％の時間削減ができる。

　meviyは，顧客が3Dデータをミスミにアップロードすると，AIで自動見積もりを行い，即時に価格・納期が出てくる。そして，顧客の3Dデータから製造プログラムを自動生成し，デジタルでモノづくりを開始し，最短1日で出荷する。つまり，顧客は3Dデータをアップロードすれば作図が不要になり，価格・納期はAIが割り出してくれるので見積もり待ちが不要になる。さらに，最短1日で出荷ということは確実短納期が実現されるということである（**図表5-3，5-4**）。

　meviy以前は，3DのCADで設計しているにもかかわらず，見積もりを取るためだけに2D図面を描くといった非効率が生じていた。しかし，meviyでは，3DCADをそのままWebにアップロードするだけで，必要な部品の見積もりがすぐに出てきて，しかもそのまま注文することができる。そのため，見積・注文にかかる時間は大幅に短縮される。

　このように，ミスミが着目しているのは徹底したロングテール戦略による時間価値の提供であり，さらなる進化を目指したグローバル化対応，サービス進化，アライアンスの強化である。同社は，事業をグローバルに展開しており，

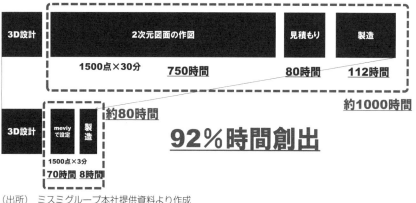

meviy については，21年12月に欧州でサービスを提供し始めた。今後の課題は，国内ではなくグローバルでのさらなる事業展開である。

また，加工できる部品の種類の拡大や継続的な進化を目指し，顧客の調達における生産性を高めるため，さまざまな企業との連携も検討している。世界の

有力サプライヤーと連携することにより，自社単独ではなく，他社も含めたエコシステムを構築でき，生産性向上を実現できるからである。

2　トラスコ中山

(1)　企業概要

　トラスコ中山は，機械工具，物流機器，環境安全用品をはじめとしたプロツール（工場用副資材）の卸売業者である。1959年，大阪で機械工具や間接資材の卸売業である中山機工商会として創業。1964年に業界初の総合カタログ「中山商報」を創刊。2000年以降は「トラスコ オレンジブック」に改名し，発刊を続けている。21年12月期決算の売上高は2293億円である。

(2)　トラスコ中山のロングテール戦略

　トラスコ中山はロングテール戦略を推進している。約3000社の製品を取り扱い，約50万アイテムという圧倒的な在庫量を有し，顧客に即納を実現している。同社がこのような他社にはない独自の戦略を取る背景には，創業からの歴史がある。

　1959年の創業当初，卸売業界には既に先行する企業が多く存在しており，最後発である同社は同じ土俵で戦うのは厳しかった。そこで，他社がやりたがらないことに戦略的に取り組んだ。スチール棚など，かさばるものもあえて取り扱い，アイテム数を増やしていったのである。そして現在，50万に上るアイテムを短納期で届ける独自のビジネスモデルを開発・実行し続けることで，顧客から圧倒的な支持を得ている。3000社ものメーカーの商品を取り扱っていることは，顧客の選択肢を広げることになる。

　たとえばモンキーレンチは約20社分を扱っており，同じような機能・サイズのモンキーレンチでも多くのオプションを顧客に提供可能である。また顧客の利便性を上げるために，スポットエアコンのような季節性の高い商品ほどシーズンを問わず在庫を豊富にそろえている。このように同社は，他社とは異なる

ことを推進し，さらにその実行力を高める取り組みをしている。

　また，同社の大量の在庫と取り扱いメーカーの多さは，EC開拓に大きく寄与している。ネット通販会社への販売は同社の成長ドライバーとなっている。ネット通販は競合が多いように見えるが実はそうではない。なぜならば，ネット通販会社が3000社のメーカーと直接取引することは難しいからである。納品書，請求書，支払いなどの処理，データトランザクションの手間は膨大なものである。そこでネット通販会社は，トラスコ中山1社とつながれば，約3000社のメーカーとつながることができるというわけである。

　また，顧客の利便性を高めるために，同社はネット通販会社が注文を受けた商品のエンドユーザーへの直送も請け負っている。通常，ネット通販会社はトラスコ中山から来た商品を自社の箱に詰め替え，エンドユーザーに届けていた。しかしこれでは納期が長くなってしまう。トラスコ中山がユーザーに直送すれば，納期が短くなる上に配送や梱包資材などが減少し，環境問題にも配慮した対応となる。2021年は同社からユーザーに直送された個口数が280万個，日に約1万個の送付があったことになる。

　さらに同社は，新たな付加価値をもたらす事業として「MROストッカー」を展開している。これは，顧客先の所定の位置に棚を置き，顧客が必要とする商品を在庫として置かせてもらう。どのような商品を置くのかについては顧客と打ち合わせて決定し，使った分だけ課金するという富山の置き薬のようなビジネスモデルである。同事業は順調に伸びており，21年のサービス開始から400社以上が参加しており，その評価も高いという。このような仕組みを構築できるのも，同社が推進してきた大量の在庫を抱え，短納期で届けるための情報システムと物流システムへの投資のおかげである。

　1994年に九州に構築した物流センター「プラネット九州」では，顧客の利便性をさらに高めるため「物流を制するものが商流を制する」と考え，投資を継続している。これは，顧客が望むモノを必要なときに必要なだけそろえることが付加価値であるという考えに基づいているためである。たとえば，高密度で収納したコンテナを入出庫するロボットシステム「オートストア」への投資な

ど，50万アイテムに上る在庫から瞬時に顧客が望む商品の配送を実現する仕組み構築を続けている。

　同社には27の物流センターがあるが，配送用のトラック，取引情報を管理するデータセンターも自前である。大量に在庫を抱えると減損リスクなどがあるが，同社が扱う工具ははやりすたりがなく，あまり陳腐化しないということが逆にメリットになっている。また，卸売業という業態でありながら，基本的に小売業と同じように少量単位で出荷できる仕組みも持っている。たとえば通常の問屋ではビニールテープは10巻などある程度の量をまとめて販売することが原則だが，1巻ずつ販売できる。

　現在，50万のアイテム数を100万に倍増させるべく，2026年完成予定の次世代物流センター「プラネット愛知」を建設している。同社はあくまでも国内市場での拡大にフォーカスし，品ぞろえの充実を目指している。今後は，これまで接点が薄かった一般消費者とのつながりも拡大する考えだ。

　100万アイテム化に向けて計画しているのが，新流通プラットフォーム「HACOBUne」を用いた新プロジェクト「TRUSCO HACOBUne」である。人工知能（AI）や最適化技術により，製造現場の副資材物流を改革し，「ベストなものが，もうそこにある」「最速，最短，最良の納品を実現する」という姿を目指している（**図表5-5**）。TRUSCO HACOBUne は，「ロジスティクスプラットフォーム」「商品データプラットフォーム」「UX プラットフォーム」「イージーコネクトプラットフォーム」および共通基盤としての「データレイク」で構成されている。そして，単に100万アイテムという在庫数だけでなく，欠品なし，誤受注なし，誤出荷なしを目指している。

　同社は，卸売業でありながら EC の向こうにいるユーザー直送をスムーズにするため，見積もりへの瞬時回答，納品スピード短縮，環境負荷軽減を目指している。そして，前述の「ベストなものが，もうそこにある」をキーワードに，AI を専門とするシナモン，AI 物流ロボットの技術を持つ GROUND といった企業とパートナーシップを組み，トラスコプラットフォームを構築している。AI を利用し，ユーザーの工場の機械稼働状況や作業進捗といったデータや天

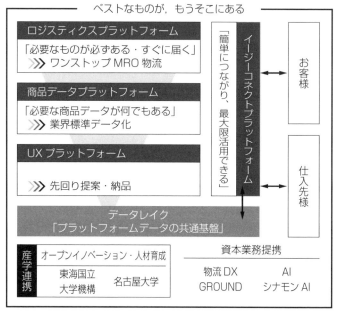

図表5-5　トラスコ中山における「ベストなものが，もうそこにある」の実現イメージ

（出所）　トラスコ中山提供資料より作成

　候などの外部データを解析することで需要を予測し，顧客の需要を先読みして「MROストッカー」に届けるような構想を実現しようとしている。

　工場がデジタル化されれば，さまざまな外部サプライヤーとのデジタルネットワークが加速され，最終的には「納期ゼロ」，すなわち，顧客が必要と気づく前にベストなものが顧客の手元にあるという状態が実現可能になるだろう。それは物流の人手不足の緩和や無駄な梱包材やトラック輸送をなくすことにもなり，カーボンニュートラルへの対応にもつながると考えている（**図表5-6**）。

　このような同社の構想を実現する肝となっているのが，KPIに対する考え方である。同社では，在庫回転率などの指標は自社都合でしかないという理由で採用していない。つまり，KPIはあくまでも顧客目線であるべきというわけである。そこで，顧客の注文に在庫からどれだけ出荷できたかという「在庫出荷

図表 5-6 「ベストなものが，もうそこにある」実現後のビジネスフロー

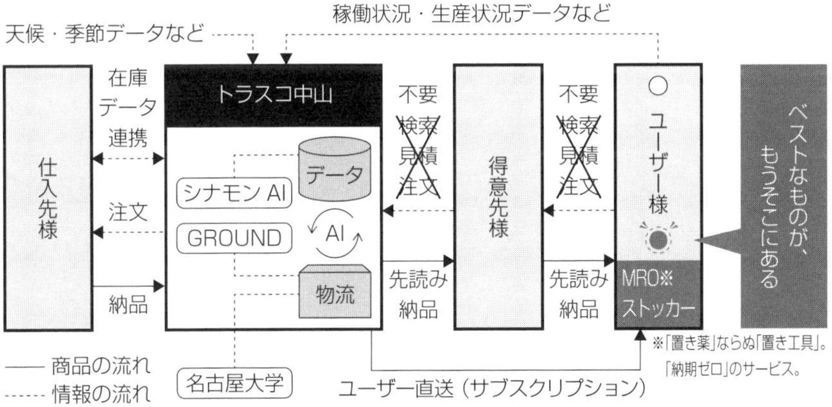

（出所）　トラスコ中山提供資料より作成

率」を採用している。21年度の在庫出荷率は91％である。注文を受けた当日か翌日朝には顧客の元に到着するため，顧客満足度の高さに直結している。

　受注から納品までのリードタイムも重要な KPI である。現在のリードタイムは平均で20時間程度である。これをさらに短くするため，AI などを活用した類似品検索の開発に力を入れている。たとえば受注した商品が在庫にない場合，代わりにほぼ同じ機能を持った別商品やハイエンドの商品などを，類似品検索機能を使って提案したいという。同社はこのようにさらなる顧客の利便性の向上に努めている。

3　花　　王

(1)　企業概要

　日本を代表する日用品メーカー。洗剤，トイレタリー，化粧品で高いシェアを持つ。また機能性食品，ペット用品の製造販売も行っている。2021年12月期の売上高は，1 兆4188億円，営業利益は1435億円，連結従業員は 3 万3507人である。

(2) 多様化・細分化する生活者への対応

　花王は，多様化，細分化する生活者の関心やライフスタイル，ニーズの理解し，訴求する製品を出す「スモールマス」に特化したマーケティングを2015年に提唱した。その代表的成果が「エッセンシャル flat」である。これはくせ毛や髪のうねりなどに悩んでいる消費者に向けたヘアケアブランドである。くせ毛やうねり毛にドライヤーで熱を加えることにより，まとまりのある髪になる技術を採用している。同社は，この切実なニーズを持つマーケットに対して実感を持ってもらう工夫を繰り返し，評価を得られた内容を蓄積していった。くせ毛やうねり毛で悩んでいる消費者をデジタルマーケティングで精緻にターゲティングし，キャンペーンを実施したのである。

　具体的には Google と協力し，くせ毛に悩む女性がどのようなキーワードで検索するかを分析してキーワードを幅を広めに設計した。「くせ毛」「髪，うねり」などの髪に関するキーワードに加え，それらを解決する「ストレートパーマ」「ヘアアイロン 人気」といったそれらの悩みを解決するキーワード，「シャンプー 口コミ」「ヘアケア 効果」といったカテゴリーワードを設定したのである。その結果，検索流入を多く獲得することができ，発売前に実施した EC での先行販売では目標の290％を達成，ターゲットとするコアの顧客層のニーズをつかむことに成功している。

　また，口腔ケアブランドである「クリアクリーン フルージュ」では，さまざまな気分を楽しめる四つの香味の洗口液を用意し，マスではないが非常に強いニーズを持っている顧客に訴求している。こうした切実で強いニーズを持っているコアの顧客に対して，その悩みを理解し，ライフスタイルに合ったブランドを提案し，トライアル購入などを通じてコミュニケーションを活発に取り，理解を常に深める努力を行っている。こうした切実なニーズに訴求するため，マスに対して広告を打つだけでなく，デジタル広告を利用した，より精緻なターゲティングを行っている。

　さらに同社は，消費財メーカーから UX 創造企業へと進化を遂げようとして

いる。エシカル消費の高まりや消費のパーソナライズ化が進み，消費財を製造・販売するという立場から，顧客体験の創造がより一層大事になっていると考えているためである。同社のDX戦略推進センターのカスタマーサクセス部では，データを駆使して生活者を深く素早く理解することに努めており，よりよい体験価値づくりに活かす活動を推進している。

たとえば，21年から化粧品の自社ECを本格化しており，顧客とのコミュニケーションについてデータ分析の視点からカスタマーサクセス部がEC担当者への提案を行っている。また，ブランドコミュニケーションについては，ブランドマーケティングや商品開発に役立ちそうな情報を抽出するためWebの行動ログを使い，ブランド購入者やブランド名検索者の動向把握，検索キーワードを分析して生活者の悩みや興味関心を理解し，ブランド担当者にフィードバックしている。こうした活動の狙いは，生活者の悩みや関心を「点」で捉えるのではなく，ストーリーとして顧客・消費者を「線」で理解することを目指しているということである。

このように花王では，多様化した消費者ニーズに対応するため，デジタル技術を活用しながら，マスではないが切実なニーズに真摯に向き合い，その悩みや興味を理解したり，どのようなキーワードで検索するかなどを分析したりすることで，顧客へのアプローチ，訴求するメッセージの発信を推進している。

③　多様化するニーズへの対応に向けて

多様化するニーズにロングテールで対応していくために必要なこととして，①切実なニーズに対する提供価値仮説の構築，②継続的顧客理解と顧客体験の構築，③スケールする仕組みの構築，の3点が挙げられる。

1　切実なニーズに対する提供価値仮説の構築

多様化する顧客ニーズに対して，自社がターゲットとする顧客が抱える課題と，その課題を解決するためにどのような価値を提供したいのかを明確にしな

ければならない。商品が普及している段階であれば，イノベーターやアーリーアダプターからアーリーマジョリティに広げていくことで売上を伸ばすことができた。ところが現在，商品は一通り行きわたっており，そこでは満たされていない新たな価値を提供しなければならない。

　その際，着目すべきはニーズの強度である。顧客は「あった方がいい」という商品にはお金を払わない。それは BtoB であっても BtoC であっても同様である。一方で，ニッチであっても切実なニーズは必ず存在している。そこにスポットライトを当て，どうしたら解決できるかについての仮説を構築するのである。

　前述のミスミグループ本社は，時間戦略，時間価値という独自性のある戦略を貫き，設備設計における時間の無駄を減らすことを徹底した。顧客の手元に商品が到着するまでに1000時間もの時間が使われていることに着目し，これを大幅に削減することによる新たな市場創造を目指している。解決されていない課題に対して，顧客がどの程度強いニーズを持っているかは，それを解決することによる効果やメリットをどれだけ明確に提示でき，顧客にとってどれだけ大きなインパクトになるかで推定できる。同社が着目した製造業における1000時間は，削減すれば大きな経済効果を期待できる。このように，切実なニーズは顧客本人も気づいておらず，顧客にヒアリングをしても抽出されないことが多い。むしろ，顧客の業務をよく把握した上で抽出すべきものであろう。

　また，トラスコ中山は，工場用副資材の在庫を圧倒的に持つことで，最後発ながら「トラスコ中山に頼めばワンストップで購買できる」という独自のポジションを築き上げた。

　BtoC においても切実なニーズは多く存在している。一見断片的で1つひとつは小さな塊であっても，その強度が問題である。たとえば，味の素冷凍食品の「アスリート・ギョーザ」は，食欲がなくても餃子であれば食べられるというアスリートの声をヒントに，アスリートの切実なニーズを解決した。しかし，従来の餃子には脂質の多さが気になるというデメリットがあったため，油分をカットして必要な栄養素を加えることで，アスリートのコンディション調整に

役立つのではないかという考えの下，開発に着手することが決められた。前述した花王は，シャンプーというコモディティ化する製品カテゴリーで消費者の切実なニーズを丹念に集めつつ，開発を続けてきた。

このように，顧客の切実なニーズと自社の提供価値に関する仮説を立て，課題解決に向けた意義の明確化を行うことが第一歩である。

2　継続的顧客理解と顧客体験の構築

次に，仮説を検証しながら，製品だけでなく顧客の課題が解決される顧客体験の開発を進める。BtoB は顧客のワークフローを理解することが何より大事である。ミスミグループ本社は meviy 事業において，まず，部品調達の業務実態を調査した。製造業の98％がいまだに FAX を利用しており，同社が考える AI 自動見積もりとデジタルモノづくりで創出できる時間価値は，大変価値のあることが実証されている。

これは BtoC も同様で，顧客を「点」ではなく，その変化を「線・ストーリー」として把握することが求められる。Web 行動ログを利用してブランドの購入者やブランド名検索者の動向，検索キーワードなどから，消費者の悩みや興味関心を分析し，ブランド担当者にフィードバックすれば，顧客を「線・ストーリー」で理解できる。多様化した消費者ニーズに対応するため，デジタル技術を活用しながら，「マスではないが切実な」消費者ニーズに真摯に向き合い，その変化を動的に捉えるのである。

また，顧客を「線」で捉えるという意味で，顧客と価値を共創するというスタンスは理解を一層深めるのに有効である。本田事務所の本田哲也氏は，マーケティングに必要なのはナラティブであるという。つまり，企業と消費者との共体験，物語が大事であり，企業が発信をするだけではなく，消費者も主人公となり，企業とともに物語をつくることが大事であるといっている。このスタンスは，顧客にとっても企業に対してレスポンスを発信する大きな動機づけとなる。

切実なニーズを開拓し，マスではないが新たな市場を開拓するため，この検

証は DtoC（Direct to Customer）のスタイルを取るのが望ましい。ロングテール商品を出し続けて切実なニーズに対する仮説を立て，検証を繰り返していく中で，量が取れる商品に育ち，流通で販売されるものも出るだろうし，もしくはあくまでもメーカー直販として DtoC で販売され続けるものもある。重要なのは，メーカーが顧客と接点を持ち，切実なニーズに対する仮説検証を繰り返し，顧客体験を顧客とともに創出する仕組みを持つことである。

　このように，継続的な顧客理解は切実なニーズの解決を顧客体験として提供するには最も重要な活動である。それには，常に顧客との直接的なコミュニケーションを図ってニーズの価値を検証し，結果を製品やサービスに素早く反映するループを持たなければならない。そしてその際，課題が解決したという成功体験を顧客と共有することで，顧客を増やしていくことが大事である。顧客体験という考え方に焦点を当てたとき，解決策を見つけるまでだけでなく，むしろ使用後の体験が成功体験として大きなウェイトを占めるからである。

　また，他社と連携しエコシステムを構築して取り組むことも視野に入れたい。日本企業はとかく，自社ですべてを解決したいという垂直統合の思考が強い傾向があるが，1社ですべてのニーズを満たすことは難しい。

　日立製作所は「Lumada」で IoT プラットフォーム事業を展開している。ここで提案されているのは，製造業や流通業に対するデータを活用したソリューションの展開である。金融業界のような規制産業であれば顧客のニーズは規制対応で同じようなニーズに束ねることができる。しかしながら，製造業の顧客は業務によってまちまちなので，調達のフローも生産における設備の使い方も異なる。また，導入されている設備もさまざまであるため，1社ですべてをカバーすることは不可能である。したがって，自社単独で進めるのではなく，エコシステムを構築してさまざまな企業と連携する必要があり，それが結局は顧客の利便性アップにもつながることとなる。

3　スケールする仕組みの構築

　BtoC の場合，着目したニーズがニッチだとしても切実であれば，ターゲッ

トとする消費者に正しくアプローチすれば大きな数に達するということも多い。切実なニーズに対してはマス広告でのリーチは難しいため，ターゲットとする消費者がどういう動線をたどって情報を収集するのか，その過程を正しく理解しておきたい。そこで，花王が行ったように，消費者がどのような検索ワードを用いているかを理解することが必要となる。切実なニーズを持つ消費者にSNS などで発信することにより，ナラティブに訴求することが大事だが，これは同じような悩みを持つ消費者同士の共鳴を呼ぶことにつながる。メーカーからの一方的なメッセージではなく，消費者と共創したメッセージ・価値であるため切実なニーズが顕在化し，規模を拡大することができる。

　BtoB でも同様に仕組みの構築が必要だ。1 社に展開した事例で終わらないように，それがスケールできる仕組みをいかに構築するかがポイントである。日立製作所は Lumada をケーススタディとして，横展開可能な状態に昇華している。製造業の悩みは金融などの規制産業と異なり多種多様であるということを認識し，対応していくことが求められる。

　一方で，悩みのコアの部分は類似している場合が多く，具体化と抽象化を繰り返しながら汎用化している。この汎用化が大変な作業なのであるが，とかく日本の製造業は，顧客ごとにカスタマイズを行うことで目の前の顧客の満足度を高めることに終始しがちである。その結果，経済性が伴わなくても顧客が喜べばよしとしてしまっているが，これでは事業を継続することはできない。経済性を伴うには，顧客の切実なニーズに対応した製品・サービスを提供する際，それを個社として捉えるのではなく，ズームアウト，つまり抽象化して切実なニーズを持つ塊に展開させるのである。

　たとえば，製造業にとって設備の予兆保全は切実なニーズである。工場内の設備保守は，労働者の高齢化に伴い，人を充てることが難しくなっている。そのため，仮に遠隔保守や予兆保全などの仕組みができて，その経済性さえ証明されれば導入する企業は多いだろうと予想できる。日立製作所は導入した予兆保全システムから製造業に共通して見られるエッセンスを抽出し，横展開している。切実なニーズは，同じようなニーズを持っている顧客がほかにもいると

図表5-7　N倍化されスケールした日立製作所の「Lumada」ソリューション事例

ソリューション名	内容
Hitachi AI Technology／計画最適化サービス	計画業務のプロセスを定式化・デジタル化し，統一したルールでより最適な計画を自動的に立案する －花王（売り場の店頭支援巡回計画を自動化） －ニチレイフーズ（生産計画と要員計画を自動立案）
Risk Simulator for Insurance	予測モデルを用いて将来の入院リスクをシミュレーションする医療ビッグデータ分析ソリューション －第一生命（生命保険の加入範囲を拡大） －栃木県（保険事業支援） －JA共済（終身共済，医療共済など複数の共済の引受基準の見直しを支援） －ベトナム最大手の国営保険会社 Bao Viet Insurance 社（健康増進に向けた新たな保険サービス提供）
音声デジタルソリューション	高い認識率の日立独自の音声認識技術を活用し，膨大な通話録音記録を自動でテキスト化，対応品質向上やコンプライアンスチェックの自動化などを図るサービス －野村証券（営業店・本社の26000台の通話録音データのテキスト化対応，システム構築） －トヨタ（コールセンター業務にテキスト要約システムを導入） －三菱UFJモルガン・スタンレー証券（音声認識・AIを活用した顧客対応モニタリングシステムを導入）
帳票認識サービス	AI技術を基に高精度な文字認識を行い，定型・非定型帳票，手書き文字，二次元コードなどを自動で読み込む －全銀協（電子交換所のシステム委託業者に選定。2022年の稼働を予定） －日立_財務部門（自社の出納業務の帳票読み取り・照合の自動化）
CMOSアニーリング（組合せ最適化処理技術）	量子コンピュータを模した日立独自の計算技術CMOSアニーリングを活用し，組み合わせ最適化問題の解決に取り組む。損害保険ジャパン，三井住友フィナンシャルグループ，KDDI総合研究所をはじめ幅広い顧客と実証を実施
感性分析サービス	SNSやクチコミサイトなどソーシャルメディアの情報，TV，新聞などのマスメディアの情報，コールセンターの会話履歴などから企業や商品に対する顧客の声や感情を高精度に可視化 －ホンダ（感性分析サービスを共同で開発） －電通・電通デジタル（日立の分析プラットフォームを組み込み「mindlook」を協創）

材料開発ソリューション	AI やデータ解析などのデジタル技術で新材料を開発・評価するマテリアルズ・インフォマティクスを適用したソリューション 下記企業など約40社の企業で採用 －帝人（素材開発の高度化や R&D のスピードアップを目的とした帝人中計達成のための協創） －UACJ（高機能アルミニウムの R&D に向けた協創） －三井化学（新材料開発に適用し実証を実施）
人流可視化ソリューション	顧客一人ひとりのカメラ画像を人型のアイコン画像に置き換え混雑状況を可視化するサービス －東急（2016年から導入（駅視－Vision），2018年に86駅に導入），京急，相鉄へ導入 －東京ドーム（2020年11月，プロ野球公式戦における感染対策に向けた技術実証を実施）

（出所）　日立製作所提供資料より作成

　いう観点で常に規模も取ることを目指せば，事業としての経済性を伴うようになる。そういう観点を持ち合わせることが重要なのである（**図表５－７**）。

　日本企業は，「失われた30年」の中でデフレ経済から抜け出せていない。他社がつくったものを品質で凌駕するというビジネスモデルではなく，顧客とともに新しい価値，顧客体験を創出していかねばならない。そしてそれを価格勝負ではなく，価値を訴求した上で正当な利益を取っていくことが必要なのだ。切実なニーズを捉え，デジタル技術を最大限に生かした顧客体験を創出することにより，経済性の伴う規模を生み出すというロングテール対応が，まさしく今の日本企業には求められているのである。日本企業のこれからの変革を願ってやまない。

第6章

カスタマイズから
スケールできるビジネスへ

1　カスタマイゼーションの限界

　日本企業，特にBtoBで事業展開を行う会社の多くは，顧客ニーズに非常に忠実である。これは日本企業の強みであった一方で，顧客ニーズに沿ったカスタマイゼーションに努めるあまり，①経済性の欠如，②顧客の要望を超えるものが生み出せない，③事業感覚が育たない，といった限界が生じることとなった。

1　経済性の欠如

　日本企業は，目の前にいる顧客の要望を実現しようとして細部にわたるカスタマイゼーションを得意とする。しかしながら，こうして開発されたものはあまりにもその顧客固有の要望に忠実であるため，顧客の知的財産が含まれてしまうことも多く，他社への横展開を難しくする。具体性を極めると経済性が極めて乏しくなってしまうのである。

　こうした状況は特に受注品系の企業で多く見られるが，シーメンスやGE（ゼネラルエレクトリック）といった欧米企業は顧客の声を一から聞いているのではなく，パターンオーダーに近い状態にして利益が出るようになっている。

　日本企業のカスタマイゼーションの状況を見ると，顧客ニーズに忠実であるという強みを生かしつつ，事業として継続するための経済性をどう担保するかがポイントであるように思える。

2　顧客の要望を超えるものが生み出せない

　カスタマイゼーションを突き進めても，顧客の期待値を超えるものは絶対に生み出せない。なぜならば要望はすべて顧客から出ているからである。その細部にわたる要望に対応するだけで，社内リソースは手一杯となる。こうした状態では，いつまで経っても顧客の期待を上回ることはできず，一ベンダーとしての位置付けにとどまることになってしまう。

　日本企業がこれまで重視してきたのは顧客の期待値を上回ることであるが，顧客の期待の範囲内で製品を出す以上，高い利益率を生み出すことはできない。では，どうしたら顧客の期待値を超えられるのか。顧客の要望を聞くのではなく，顧客を取り巻く市場環境をよく把握し，顧客自身が気づいていないニーズを見いだすことが理想である。さらに，具体的に顧客のニーズを把握するアクションと，それを抽象化するアクションを組み合わせることも必要となる。

3　事業感覚が育たない

　カスタマイゼーションにおける問題点が多々あるにもかかわらず，担当者は非常に高いモチベーションでその事業を推進しているという現状にも注視すべきである。なぜならば，顧客の無理な要望に応えているということは，担当者本人にとっては「顧客に喜んでもらえる」「顧客のために働いている」ことになるからである。顧客に喜んでもらえるということは，営業担当者にとっても技術担当者にとってもうれしいことであるため，当人のエンゲージメントレベルが非常に高く，カスタマイゼーションをやめさせることが難しいという経営者の悩みもよく聞く。

　「顧客のためにやっている」ということが社内で最も強い説得材料になってしまうと，経済性は二の次となる。こうした状況では，当人の事業感覚はいつまでも育たない。顧客の要望に応えることと経済性を両立させなければ事業とはいえないのである。

2　企業事例

　1で述べたことへの示唆について，いくつかの事例をある観点を通じて考えていきたい。それは「マスカスタマイゼーション」である。マスカスタマイゼーションとは，パターンオーダーのようなもので，顧客の要望を生かしつつ，あるパターンの範囲に収める手法である。

　以下，BtoC の事例としてハーレーダビッドソン，ナイキ，アディダスを，

BtoBの事例としてオークマを取り上げる。また，ソフトウエアのソリューションを雛型化した事例として日立製作所とリコージャパンを，さらに，顧客をリードしルールメイキングする事例としてベッコフを取り上げる。

1　マスカスタマイゼーションの動向と事例

　今，求められているのは，顧客ごとにカスタマイズすることではなく，顧客の多様なニーズに経済性をもって対応できる力を持つことである。そこで必要となるのがマスカスタマイゼーションである。

(1)　BtoC事例：ハーレーダビッドソン，ナイキ，アディダス

　BtoCはこれまで，マス顧客に着目した製品展開をしていたが，これからはロングテールに訴求するマスカスタマイゼーションの考え方が必要である。IoTによる生産革新がロングテール対応を可能にしている。

　ハーレーダビッドソンでは，注文を受けるとその1台を組み上げるのに必要なすべての部品のリストを即座に取り込み，在庫確認や手配を行う。そして製造を実行し，進捗を管理する。こういった工程をIoTを活用した生産システムに刷新することによって，カスタムオーダーの注文が可能となっている。

　BtoCでのマスカスタマイゼーションについては，ナイキの詳細を取り上げる。ナイキは，2012年にアッパーをニットで編み上げたランニングシューズ「フライニット」を発表した。アッパーとは靴の上の部分を指し，足の甲，腰，踵部分の総称である（図表6-1）。アッパーは50以上のパーツに分かれており，それらを編み上げるには大変な労力がかかっていた。

　フライニットでは裁断と縫製の工程数を劇に減らし，生産にかかるコストや時間，素材のロスを削減した。こうすることで，軽量化，さらにはシューズのデジタル生産が可能となった。その結果，素材調達から生産，物流までのサプライチェーンマネジメント（SCM）を最適化する道筋が描かれた。

　こうした革新を推進した背景には同社の苦い経験がある。同社は1990年代にアジアにおいて劣悪な環境・条件で労働者を働かせ，貧困層から労働力を搾取

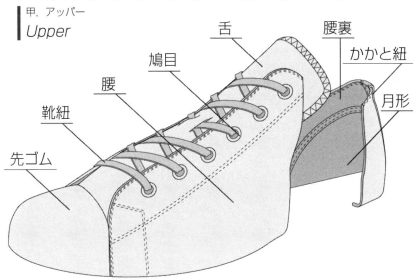

図表6-1 アッパー

アッパーとは，靴の底を除いた上の部分を指す。甲，腰，踵部分からなる部分の総称。

甲．アッパー
Upper

舌

腰裏

かかと紐

鳩目

月形

腰

靴紐

先ゴム

(出所)　ムーンスターWebサイトを基に作成
https://www.moonstar.co.jp/aboutshoes/article/name/sneaker.html

する工場であると批判を浴びた。そのため，手間のかかるシューズのサプライチェーン改革は最大の経営課題の1つだった。中でもアッパーは，レザーや人工レザー，織物，鳩目，ソール（靴底）に使う樹脂など，素材の種類が多く，裁断，縫製，接着といった工程も複雑で多数にわたる。フライニットでは前述したように縫製の手間を減らすことと，織物やパーツなどの素材在庫が糸になったことで，仕掛品（製造過程にある品目）の在庫を劇的に削減することができた。

　一方で，フライニットは従来とは異なる横編み機を使って編み上げるため，ドイツのストール（STOLL），島精機製作所とともに巨大な市場をつくり上げた。こうして最も複雑なアッパーの工程をフライニットで大幅に効率化したことにより，シューズのデジタル生産が可能となった。2015年には，シンガポー

ルの製造受託会社である Flex 社と組んだスニーカーの大規模な生産改革プロジェクトを立ち上げている。

　同社はさらに，スニーカーの本体部分はマスプロダクションでつくり，ユーザーがデザインや色を自分で決める「NIKE BY YOU」というサービスを展開している。

　ナイキのライバルであるアディダスも，スニーカーの生産革新としてドイツのインダストリー4.0にヒントを得た全自動工場「スピードファクトリー」を推進している。スピードファクトリーは製品を消費者により早く届けるため，ドイツの本社の近くに建設した。ニット機，ミシン，ロボットアーム，3Dプリンターなどのデジタル機械を備え，インターネットと直接つなげてマスカスタマイゼーションを実現している。

　このようにアディダスは，従来のようなアジアでの集中生産ではなく，スピードファクトリーでのマスカスタマイゼーションによる短いリードタイムで顧客に届ける消費地生産へビジネスモデルを全世界で展開しようとしている。

(2)　BtoB 事例：オークマ

　工作機械メーカーのオークマにおけるスマートファクトリーの取り組みを紹介する。

　オークマには，国内工場として本社工場（愛知県大口町），可児工場（岐阜県可児市），江南工場（愛知県江南市）の3カ所があり，国内での生産の高度化に力を入れている。リーマンショック後は大きく生産が落ち込んだが，その後，円高の厳しい環境下においても，熟練技術者や優れたサプライヤーが集積している日本は高付加価値マシン生産の最適地であると考え，「日本でつくって世界で勝つ」を基本とした戦略を遂行した。

　具体的には，本社工場でスマートファクトリー構築を目指した取り組みを開始。2013年，大型旋盤，複合加工機の部品加工から組み立てまで一貫して行う新工場「DS1（Dream Site 1）」を竣工し，自社製の門形マシニングセンターを使った FMS（Flexible Manufacturing System：フレキシブル生産システム），

ロボットを活用した自動化・無人化・工程集約を果たした，24時間・週7日稼働の「自動化と熟練の技が織りなす未来工場」を実現した。DS1では機械の稼働状況をモニタリングし，履歴から出来高や生産計画に対する進捗を可視化し，目標どおりに進捗していなければ，課題を分析しながらPDCAやMAIC（測定：Measurement，分析：Analysis，改善：Improvement，管理：Control）のカイゼンサイクルを回した。

こうして，日々変化する生産状況に対応し，現場の知恵を生かす仕組みづくりを行った。コミュニケーション掲示板を活用して現場の課題をあぶり出したり，解決策を検討するため，製造本部主催の拡大部課長会を立ち上げたりした。こうした活動を通じて新たな課題の抽出を進め，次世代のスマートファクトリー「DS2（Dream Site 2）」の構築に向け，製造本部と技術本部が連携して「DS-Xプロジェクト」を立ち上げた。

技術本部は製造本部を顧客と捉えてDS2の自動化ソリューションを提案し，マスカスタマイゼーションの実現を目指した。その際，ポイントとなったのは，①自動化・無人化による生産性向上，②生産工程における制御性能の向上，③全体最適，の三点である。本プロジェクトでは，社内の情報システム部門とも連携している。業務・計画システム（ERP），製造実行システム（MES），工場制御システム，機器制御システム，設備管理システムの階層ごとに設計し，ロボット，自動搬送装置などを高度に活用することで，徹底的に工場の自動化・無人化を目指した。工作機械は部品数も多く，数千点から数万点に及ぶ部品を加工組立しなければならないため，社内の情報システム部門との連携を密にし，DS2を実現したのである。

こうして，究極の多品種少量生産を志向したDS2は17年に竣工した。その際，日立製作所との協業も推進した。日立製作所のLumadaに代表されるようなITやOT（オペレーションテクノロジー）に関する知見に加え，オークマの持つ多品種少量生産モデルを組み合わせたマスカスタマイゼーションを実現したのである。

オークマ本社工場に日立製作所が納入した生産進捗・稼働状況監視システム

を雛型に，マスカスタマイゼーションにも対応する高効率な生産システムを導入している。中・小型旋盤と研削盤の部品生産は日立製作所の支援を受け，工場内の工作機械の稼働状況を一目で把握できるシステムを導入。部品加工の優先順位決定など，分単位で作業指示できる生産体制を敷くなど，対象品目の大幅拡大とともに，生産性向上，リードタイムの大幅短縮を実現した。

　ここで，DS2の仕組みについて詳しく見てみよう。DS2はマスカスタマイゼーションを実現するスマートファクトリーであり，スマートマシンとスマートマニュファクチャリングで構成されている。スマートマニュファクチャリングは，ロボットを駆使した自動化，AI・IoT の高度な活用，生産の進捗・稼働監視である。無人化と自律化の実現のためには，工作機械の知能化が求められる。スマートファクトリーの中核要素となる知的判断能力を CNC（コンピュータ数値制御）に搭載し，機械が自律的分析・判断ができるようにしている。また，スマートマシンに金属三次元積層造形，レーザー焼き入れなどの機能を組み込み，工程を一台で完結するといった集約を実現している。

　さらに，ロボット技術により大物部品の着脱・搬送も自動化した。物流管理は新システムを導入し，すべての部品にワーク ID（認識タグ）をつけ，所在，状態を正確に把握できるようになったため，次の工程に最適な部品を供給することが可能となった。こうして日単位であった指示を時間単位，分単位まで短縮するなど工場の制御周期を高速化し，生産リードタイムの短縮，スループットの向上を実現している。

　同社は，ムダの可視化を徹底することで自動化を推進し，生産工程で発生するロスを最小化している。進捗・遠隔監視システムを導入して対策が必要な工程を特定するなど，改善を常に進めている。また，必要なものを必要なときに必要な数だけ生産することで，部品加工と組み立ての生産の同期が可能となった。このように，スマートマシンを基盤とし，ロボットを駆使した高度な自動化，工場制御周期の高速化，進捗・稼働監視により，稼働率向上，24時間稼働といった生産効率の大幅向上を実現している。

　さらに，同社は DX を推進することで，高度なモノづくりのノウハウを集積

し，自社の実践事例を基にした提案力強化を図っている。23年度（24年3月期）以降の本格改革に向けて，課長級以上で定期的に全体最適について議論しており，こうした議論を通じて，工作機械を軸に最新デジタル技術を活用した高度なモノづくりのノウハウを蓄積している。

　DS-X プロジェクトによって同社の業務効率は高まっており，将来的には顧客への課題解決提案にも生かそうとしている。情報システム部が取りまとめ役を担っているが，担当者を30人に増やすなど，力を入れている。具体的には，情報システム部が営業・設計・生産・管理などの各部門と連携をして課題を抽出し，デジタル技術による改革法を検討し，定期的に会議を行いつつ全体の調整をしている。

　このようにして同社は，生産系のシステムを核に，各部署で扱うデータを一元化し，製品別，顧客別の利益管理を可能にしている。さまざまなデータを一元的に管理し，全体最適化するOTを活用することで将来の顧客支援に生かすべく，さらなる提案力の向上を推進している。

2　ソフトウエアソリューションを雛型化している事例：日立製作所，リコージャパン

　日立製作所は「Lumada」というIoT プラットフォーム事業を展開しているが，そこで重要なことはソリューションの雛型化を展開しているという点である。Lumada事業は同社の重点戦略の中心にある。同事業を推進するため，同社は2016年に製品別組織から顧客の業種別組織に改革し，顧客の課題を起点としたビジネスモデルへの転換を図った。

　ここでのポイントは，展開されるソリューションは一顧客に対する事例では終わらないということである。ソリューションを雛型化し，徹底した横展開を推進している。またそのためには，過去に類似の事例がないかをしっかり把握しておく必要がある。こうして，常にビジネスの規模を拡大できるソリューションの開発に努めている。

　たとえば，製造業に導入した予兆保全システムから，製造業に共通して見ら

れるエッセンスを抽出し，横展開可能なソリューションとしている。ソリューション開発においては，Lumadaソリューションと呼ばれる雛型を基にして顧客独自のニーズに応えた開発をすることで，ソリューション事業のスケール化，採算性の向上，迅速な導入を実現している。

　リコージャパンも雛形化に成功している。同社は，中小企業向けソリューションとして「スクラムパッケージ」の販売を着実に伸ばしている。事務機業界の場合，中小企業向けには地域テリトリーごとに営業担当者が配置されており，顧客の業界や業種に関する知識がつきにくく，顧客ニーズに根差したソリューションを展開するのが難しかった。しかしながら，営業担当者がある程度は顧客の業界や業種に関する知識を有していないと，リードを取ることも難しい。

　この困難を打開したのがリコージャパンのスクラムパッケージである。同社では17年10月から中小企業の業界別に業務フローに対する製品，サービス，保守サポートを組み合わせて展開しており，22年度の販売本数は21年度を超える勢いで推移している。21年度の販売本数は20年度比15％増の約7万7000本，22年度は10万本を視野に入れているという。

　対象市場としては，建設業，製造業，流通業など9業種向け，さらに，情報セキュリティ，リモートワーク，働き方改革，共通バックオフィス業務など，業種共通のパッケージを加え，22年7月末現在で合計154パッケージをラインアップしている。状況に応じて随時追加や入れ替えをしながら，21年度までに累計21万7000本を販売した。

　こうした活動を通じて，同社は複合機などのハードウエア事業からデジタルサービス事業に転換しようとしている。スクラムパッケージはこの一連の動きを象徴するものといっていい。

　さらに同社は，年商50億〜500億円程度の中堅企業向けソリューション「スクラムアセット」を展開，22年度第1四半期（4〜6月末）で，前年同期比108％増の60億円と売上を倍増しており，スクラムシリーズ（スクラムパッケージとスクラムアセット合計）全体の売上高は，同10％増の155億円となってい

る。スクラムアセットでは，同社の各業界におけるアプリケーション導入の実績・運用ノウハウに最新技術を組み合わせて雛形化している。こうした雛形化により，カスタマイズ領域を少なくし，短い納期で顧客課題の解決を図っている。22年８月現在で，働き方改革やセキュリティ，バックオフィスなどの業務向け，ターゲット業界向けで79モデルを展開している。

　同社の調査によると，中堅企業の35％相当において情報システム担当者は企業内に１人もしくは不在だという。こうした状況から，システム構築，運用，セキュリティ対策に手が回らず，これらの課題に対応してくれるソリューションやサービスへの関心は非常に高い。今後，業種業務モデルの拡充により，スクラムアセットについてもさらなる事業拡大を目指している。

　さて，今まで多くの企業が中堅・中小企業に対するソリューション事業にトライしてきた中で，なぜリコージャパンはうまくいったのだろうか。成功の理由として，「開発のアジャイル化」「既存顧客へのフォーカスによる迅速な事例構築」「業績目標の策定方法の変更」「プロフェッショナル認定制度と顧客起点でのチームフォーメーション」の４点が挙げられる。

　まず，開発のアジャイル化について述べる。スクラムパッケージの企画は，各業種を担当する「プロデューサー」と呼ぶリコージャパンの社員が担っており，中小企業を訪問して課題発掘とパッケージモデルの検証を推進している。プロデューサーは，１パッケージ当たり約100件の顧客を訪問し，それぞれの業務フローの把握や顧客の困り事の発掘と解決方法の検討を顧客に実際に提案を行いながら検証する。この仮説検証と，その結果のフィードバックを基に改善を繰り返すことで製品化するのである。

　次に，同社は既存顧客にフォーカスすることで顧客への深耕を行っており，国内70万社の中小企業顧客に対して11.4％の顧客カバー率となっているが，その中でも特に既存顧客である同社の複合機顧客に対するカバー率は19.9％となっている。21年度は業種別展開を強化し，約1700社の未取引顧客が新規導入したという成果も上がっている。また，スクラムパッケージ導入済み顧客へのクロスセルも成果を上げ，21年12月現在で顧客当たりの導入本数は平均2.1本

になっている。

　また，業績目標の策定方法については，21年度から評価項目を変更し，顧客別に数値目標を設定し，顧客起点での課題理解とソリューションの展開を強化している。

　最後に，プロフェッショナル認定制度と顧客起点のチームフォーメーションについては，同社は18年度から職種ごとのプロフェッショナル認定制度を運用しており，セールス，CE（カスタマーエンジニア），SE（システムエンジニア）など，職種ごとに知識・実施プロセスと成果に応じた七段階のプロフェッショナルレベルを判定して待遇を決定している。これは従来の年功序列ではなく，個人のスキルレベルや経験で判断するもので，年齢に関係なく飛び級もあり得る。そうすることで，実力に見合った待遇をしようという会社の意図が表れている（**図表6-2**）。

　さらにこれまでのセールスは営業担当者，修理はCEといった分業体制から，顧客起点でチームによるフォーメーションを行い，顧客との接点を強化した。これにより，サービス導入の検討段階から実際の運用プロセスまで，営業，SE，CEが情報共有をしながら，顧客にとって最適なシステムの検討・構築・

図表6-2　リコージャパンの人材育成／人事制度改革

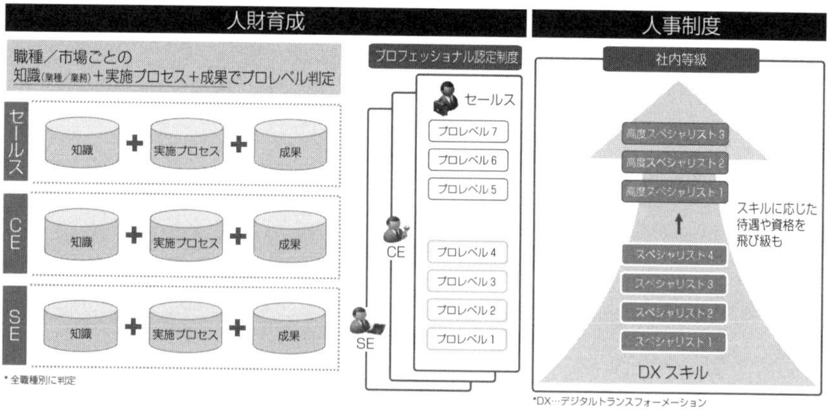

（出所）　リコージャパンIR資料より作成

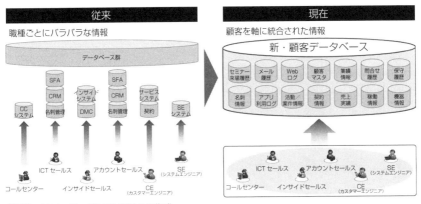

図表6-3　リコージャパンのチームフォーメーションを支える DX

(出所)　リコージャパン IR 資料より作成

運用が可能となった。

　このようなチームフォーメーションを実現するに至った背景には，職種ごとにバラバラだった情報システムを顧客軸で統合し，商談の状況，フォローアップなど顧客軸でチーム内の各職種メンバーが見ることができる仕組みに再構築したことが大きく寄与している（**図表6-3**）。

3　ルールメイキング事例：ベッコフ

(1)　企業概要

　ベッコフは1980年にドイツに設立された，産業用制御機器のグローバルカンパニーである。工作機械のCNC（コンピュータ数値制御）からビルディングオートメーションまで，幅広い用途に使えるオープンなPCベースのFA（ファクトリーオートメーション）ソリューションを提供しており，ドイツ政府が進めるインダストリー4.0を牽引している企業である。

　同社の事業には，産業用PC，I/O，フィールドバスコンポーネント，ドライブテクノロジー，オートメーションソフトウエア，制御盤のないオートメー

ションなどが含まれている。こうしたコンポーネントは，組み合わせることで普遍的な制御・自動化ソリューションとなり，CNCの工作機械からビル制御まで，さまざまなアプリケーションでの使用が可能になっている。2021年の全世界での売上高は11億8200万ユーロで，前年比28％成長している。本社はドイツのフェアル，従業員数は5000人，世界75カ国以上で事業展開する非上場の成長企業である。

⑵　標準化によるビジネスのスケール化

①　ベッコフの標準を標準獲得のマーケティング

1980年の設立以来，ベッコフはPCベースの制御技術を使用し，現在の業界標準となっている多くのオートメーション技術を生み出している。ハンス・ベッコフ氏が同社を創業した際，制御基盤の製造販売をしていたことに由来する。当時，同社はリレーの制御をしていたが，顧客よりデータロギングのシステム製造を依頼された。

そこでベッコフ氏は，当時普及し始めたIBMのオープンアーキテクチャなDOS（ディスクオペレーティングシステム），DOSVのPCでデータロギングのシステムを構築する。PLC（Programmable Logic Controller）などさまざまなFA装置からデータロギングをすることも，使用状況，通信状況を各PLCから集め，DOSVのPCにデータを収集することも大変な労力を要した。各種FA機器のコントローラーをボードにして一つの箱にしたPCをつくり，さまざまな装置をまとめて制御するプラットフォームとすることを考え出し，はじめてのPCコントローラーを製品化した。こうして96年に「TwinCAT」を発売した。

その後，PC制御にこだわり，NCもPLCも画像処理もPC制御で実施するなど汎用性を高め，顧客にとっての利便性を向上させた。PCにソフトを入れるとディープラーニングさえも可能となる。同社は，WINDOWS95によるPCの普及前にこうした革新的な技術開発を行ったのである。

前述のとおり，TwinCATは96年に発売されていたが，その後，サーボドラ

イブ，IO とさまざまな周辺機器をつなげる必要が増大し，さらにそれらがリアルタイムで通信する必要が出てきたため，新しい通信規格をつくろうということになった。そこで同社は，かつて実施した「Light Bus」での手痛い失敗の教訓から，オープン性を重視して開発に取り組んだ。

Light Bus は89年に発売された，光ファイバーを使った最先端の通信プロトコルである。同社の製品をつなぐには最適かつ高速で通信ができるなど合理的であったものの普及はしなかった。同社の製品間の通信に閉じていたからである。

その教訓を生かし，当時，高額な光ファイバーではなく，光をメタルにすることでイーサーネットに Light Bus の通信規格をほぼそのまま移し替えた。いままで光だったのを電気信号とし，それにより LAN ケーブルでつなぐことが可能となり，コストが圧倒的に安くなった。

こうした考え方から2003年に発表された「EtherCAT」は，イーサネット（Ethernet）と互換性のあるオープンなフィールドネットワークである。ISOの標準的な通信規格である Ethernet に準拠することで汎用性ができ，市場スケールを取ることに成功している。それは，専用品でないと顧客のニーズは満たせないという日本メーカーの固定概念を覆し，用途によっては汎用品の方が使い勝手がよいということを証明したのである。今や，オープンでつなぎやすく，機能性に優れ，誰でも無料で利用できる通信プロトコルとなっている。

競合が追いつこうとする中，EtherCAT は経済性が高く，高速通信が可能であることに加えて同期性が高く，必ず決まった時間に処理が始まり決まった時間に終わるため，高い信頼性を獲得することができた。

同社は，こうした仕組みを構築するために，オープンなエコシステムづくりを進めてきた。EtherCAT は，相互互換性を保つために03年に設立されたETG（EtherCAT Technology Group）によって，その機能要件や認証手順などが規定・管理されている。ETG のメンバーは現在6000社を超えており，それが業界標準となって広まっている。

このように，同業他社も含め誰でも使える形にすることで EtherCAT は急激に普及し，サーボドライブなどモーターの駆動装置も EtherCAT に対応し

ているものが約250社から発売されている。こうした仕組みが構築できるのは，EtherCATがオープンな通信技術であるため，さまざまな機器を標準プロトコルでつなぐことができるからだ。

　こうしたEtherCATのオープン性は，同社が強みとしているPC制御と非常に相性がよい。専用のサーボコントローラではなく，汎用PCを使うことで，工場内のさまざまなハードウエアを制御することができる。ベッコフの産業用PCに制御ソフトであるTwinCATをインストールすると，PLC，ロボットコントローラー，NC制御など，同じPCをさまざまな用途に使うことができる。こうしてベッコフは，自社製品内にとどまらないオープンなスタンスと，カスタマイズ品ではなく標準品・標準プロトコルを採用することで事業のスケール化に成功している。

　同社における事業のスケール化は，そのマーケティングと開発の仕組みによる。実はEtherCATはマーケティング部門が開発している。つまり，顧客に広めるために，世界の解決すべき課題を顧客起点でいち早くキャッチし，開発している。ドイツ企業はもともと，標準化を進めることを得意としている。また，欧州の企業は競争するところと手を組むところをしたたかに使い分けているものである。

　ベッコフが本社を構えるドイツでは，シーメンスのような巨大な企業が総合FAメーカーとして専用PLCで市場を凌駕していた。こうした市場構造の中で戦っていくには，マーケティング部門がユーザー視点で物事を考え，EtherCATの開発を進めることが欠かせなかった。複雑性が増す製造ラインにおいて，専用用途であるPLCではなく汎用PCを使った産業PCの提案というのも功を奏した。なぜならば，モーター軸を複雑に使うロボット，トランスファープレスラインや画像処理などが入ってくると，産業用PCの方が汎用性，オープン性の観点から，顧客の用途，ニーズにマッチしてくるからである。

　メルセデス・ベンツは超最速のプレスラインを有し，プレスと搬送を目にも止まらぬ速さで同期するが，このような高速処理を可能にするには，精緻に同期を取ることができるEtherCATとTwinCATの組み合わせが大きく貢献し

ている。

　このような標準化を推進する同社の取り組みは，16年にトヨタ自動車に
EtherCAT が採用されたことでさらに広く世の中に知れわたった。トヨタ自
動車の先進技術開発カンパニー工程改善部長の大倉守彦氏（16年当時）は，品
質と設備保守のレベルをさらに高める「スマート工場」に移行するため，
SCADA（Supervisory Control And Data Acquisition）以下の PLC 層，設備
層をどれだけ効率化できるか，標準として認定されているものをいかに使って
いけるかが重要であると考えた。それが同社が EtherCAT を採用した理由で
あると語っている。

　標準を取る仕組みにより，同社は**図表 6 - 4** に示すような急激な成長を遂げ
ている。21年の売上高は過去最高となる11億8200万ユーロ，20年（ 9 億2300万
ユーロ）から約28％増と急成長している。コロナ禍にあり，業界を取り巻く環

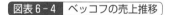

図表 6 - 4　ベッコフの売上推移

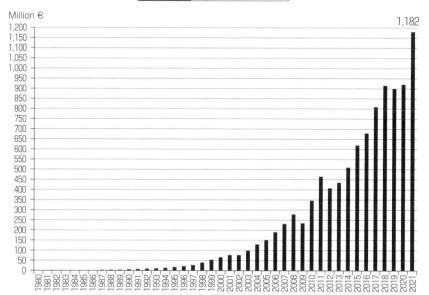

（出所）　ベッコフ提供資料より作成

境は厳しかったにもかかわらず，同社の42年の歴史で初の10億ユーロ超えを果たしたのである。

　ベッコフは常に顧客起点に立ち，顧客にとって技術的にも価格的にも，ユーザービリティ（使いやすさ）という観点からも，圧倒的に支持されるシステムを構築することにより，標準的な仕組みとしてのポジションを取り，それが同社のさらなる成長へとつながっている。

③　スケール化できるビジネスモデルの実現に向けて

　日本企業に求められるのは，顧客ニーズとの適合性および経済性の両立である。そこで必要となるのがビジネスモデルの再構築である。そのためには，これまで自社が培ってきた製品・ソフトウエアなどの雛型化を進めなければならない。そして，デジタルサプライチェーンを構築し，顧客ニーズとの適合性と経済性を両立できる仕組みへと昇華させていかなければならない。加えてポイントとなるのが人材育成である。どんなに仕組みが立派でも，これまでと同じように営業部門が御用聞きのようなスタンスで顧客の要望を一から聞いてきて「前向きに検討します」と答えてしまっている状態では，元の木阿弥である。

　では，いかにスケール化できるビジネスモデルを構築するかについて，①ビジネスモデルの再構築，②デジタルサプライチェーンによる革新，③ソリューション企画プロセスの刷新，④人材育成，⑤顧客ニーズを先取りしたルールメイキング，という観点から述べる。

1　ビジネスモデルの再構築

　顧客ニーズを充足しつつ経済性を伴うには，まず自社のビジネスモデルを再定義しなければならない。ビジネスモデルを構築する際に大事なことは，自社がどのような価値を提供するかであり，その結果，どのように利益を得るかである。そして，いかに他社と違う独創性を創出するかである。

　持続性のあるビジネスモデルは，十分な採算性，つまり利益を創出しなけれ

ばならない。ただ，製品の機能でもたらされる効用はコモディティ化されており，今や差別化が難しい。もう一歩踏み込んで顧客にどのような体験をしてもらいたいかを考え，提供価値を決めることが必要となる。製品起点ではなく，顧客体験を軸に考えると，ビジネスモデルの構想は大きく変わる。

　前述したように，ナイキは靴を販売するのではなく，顧客に「自分だけのナイキ」を楽しめる体験を提供している。またBtoBでは，顧客の業種や業務に応じて先回りして提案の雛型を用意しておいた方がよい。その際，マスカスタマイゼーションに必要な領域は，クラウドサービスなどソフトウエアサービスとの組み合わせになる。

　日立製作所もかつてはハードウエアの販売と情報システムを別々の事業として運営しており，さほど強い連携はなかったが，2016年5月，前述したようにIoTプラットフォームLumadaの提供を開始以降，ハードウエアのオペレーション技術とITを組み合わせ，同社の独自性あるソリューションへとそのビジネスモデルを仕立て上げている。顧客の課題解決力を高め，それをLumadaソリューションとして雛型化し，さらなる横展開を可能にしている。

2　デジタルサプライチェーンによる革新

　多様化する顧客ニーズと経済性を両立するには，過去の事例をテンプレート化するのがよい。すぐできることとしては，過去の事例を棚卸しして横展開ができるエッセンスを取り出しておく。たとえば，事例を顧客の課題別に類型化し，顧客固有の部分を取り除き，業種ごとの共通領域をソリューションテンプレートとする。こうすることで，顧客ニーズに対応する際，提供時間短縮とコスト効率化ができる。

　ここで重要なのは知的財産の取り扱いである。顧客からデータを取得するなど，AIを活用したデータモデルの作成プロセスなどでは，各プロセスで顧客と自社のどちらがどのような作業・貢献をし，その結果としてどのような成果が出たのかを整理し，記録として残すことで，常に顧客との合意を取っておく。そうすれば，後に契約締結などのプロセスにおいて顧客との合意がとりやすく

なる。

　さらに，ビジネスモデルをスケール化するには，サプライチェーンの革新が避けて通れない。ミスミグループでは，仕掛品状態までをベトナムで大量生産し，最終的なサイズ調整などを消費地に近い工場で行って出荷している。そうすることで多様なニーズへの対応と経済性を両立しているのである。これは，実に800亥（1兆の800億倍）という膨大な品ぞろえを持つ同社が，受注から通常2日目には出荷するという時間価値を顧客に提供するため，大量に生産して在庫を蓄えておいた方がいい領域と，ニーズに合わせて市場に近いところでいち早く製造した方がいい領域を切り分け，機能を最適に配置しているからである。

　受注発注など，顧客とのやり取りはデジタルで行われている。ナイキが自分だけのナイキ製品を楽しめる顧客体験を提供できたことも，フライニットで裁断と縫製の工程を劇的に減らし，「NIKE BY YOU」で消費者と直接つながったこともデジタルサプライチェーンの革新によるものである。

　ソフトウエア事業は，市場から近いところに開発機能を持つことが有効であろう。リコージャパンは，アジャイル型の開発組織を販売会社である同社内に持つことにより，その市場のニーズにいち早く対応できるようにしている。ソフトウエアはハードウエアよりも地域性，地産地消の特性が強く，顧客に密着した開発体制を敷くことが求められるためである。

　ただ，これをあまり進めると同じような機能が地域ごとにバラバラに存在することになってしまうため，顧客の近くに拠点を置いた方がいい雛型や基本フレームとなる部分と，顧客に応じてリーンにカスタマイズする機能の区別を明確にすることが必要となる。この設計を間違えると，効率性も，顧客ニーズへの迅速な対応も実現できなくなる。テンプレート化されたものは常にその利用率をモニタリングし，また市場に近い開発機能が顧客ニーズに合った開発を，リーンかつ迅速に推進できているかについて確認・判断することが欠かせない。

　某外資系IT会社では，地域で開発されたソリューションをグローバルアセットとして登録申請する制度がある。本社がグローバルに展開できるビジネスモ

デルと認定した場合，地域拠点に開発委託をしたという形を取って買い上げることで，当該地域の近くでアジャイルに開発するという機能と，よいアセットはグローバルアセット化するということの両立を図っている。

3　ソリューション企画プロセスの刷新

　マスカスタマイゼーションでスケール化するためには，製品やソリューションの企画プロセスが大事だ。マーケティング部門は市場を回り，パイロットをしながら実際にソリューションの雛型がどの程度顧客に訴求するかを検証しなければならない。

　あるメーカーでは，発売に当たり，実際にマーケティング部隊が市場を回り，提案や購入に至った比率，Web などによる顧客との初回の接点から提案までにかかる回数を確認することで，顧客の受容性を念入りに確認している。その上，営業部門が展開するための各種ツールを準備できた段階で発売を開始するというものである。

　顧客ニーズの仮説構築からパイロットでの検証を繰り返し，営業担当者が実際に顧客に説明できるところまで簡素化することが必要である。顧客の反応をダイレクトに見ながら説明資料なども準備し，それらを市場で試しながら，実際にどれくらいの顧客が興味を持ってくれて，次の具体的な提案フェーズに進んでいけるかを検証する。

　営業担当者が自信を持って進めていけるところまで昇華するには，こうしたプロセスが不可欠である。特に製品販売をしていた営業担当者は，カタログで説明する習慣から抜け切れていないことが多い。市場を創造するという意味においても，顧客ニーズの仮説構築，検証からそれがどの程度顧客に伝わりやすい内容になっているか，営業担当者が自信を持って勧められるツールなどの環境がそろっているかまで，仕組みを練り上げなければならない。

4　人材育成

　これまで，多くの企業がカスタマイズを減らしスケール化するビジネスモデ

ルにトライしてきたが，結局挫折してしまったのは，営業担当者を変えられなかったという理由もある。営業担当者の習性として，顧客からいわれたことには異議を唱えず，いったんすべて素直に聞いてくる傾向がある。これまでそれでよしとされてきたので当然といえば当然かもしれないが，この習性をいかに断ち切るかである。そこでまずは，顧客をガイドするというスタンスを教える必要がある。

　また，開発部門が安易なカスタマイズは評価しないこと，さらにはテンプレート利用率などを KPI（重要業績評価指標）とする方法もある。そのためには，開発部門も顧客の課題を解決する仮説を持っていなければならない。

　さて，顧客のニーズは一から質問するのではなく，顧客の問題点や課題をこちらから投げかけていく方がよい。こちらが一から質問してしまうと，顧客は「MUST」を答えるのではなく，「WANT」を述べ始めるものである。「WANT」とは，こんなものがあったらいいかなという願望に過ぎないのだが，聞く側が仮説を持っていないとすべて「MUST」に聞こえてしまう。それにすべて応えていたら結局カスタマイズばかりが大変になり，経済性が伴わない上，横展開できないものとなってしまう。

　こうした事態を避けるには，仮説の裏側にテンプレート化されたソリューションを持っておき，それに沿って顧客をガイドする形で質問して，テンプレートからはみ出るニーズについてはその切実度を確認するのがよい。どうしても必要かどうかは，たとえば「テンプレートからはみ出る分は有償です」と告げれば，多くの顧客は「テンプレートの範囲で」となり，必要性が明確になるだろう。受注品といわれる製品，たとえばガスタービンなどでも，シーメンスエナジーはそのようにテンプレート型で営業している。日本企業の多くは顧客ニーズへの対応範囲が広いが，シーメンスエナジーの方が経済性の高いビジネスをしているということになる。

　こうしたサービス提供方法の転換には，人材育成のための教育が欠かせない。日本企業が重視している OJT（On the Job Trainning）の効果を最大化するためにも，e ラーニングをどう生かすかを考えたい。顧客のケーススタディや実

際に提案を行って成功している営業担当者のケーススタディなど，実践的なものが効果的である。

　加えて，その長さもポイントとなる。人間の集中力は15分くらいで途切れるため，15分を1コマとして流す。たとえば，1コマが1時間と15分では受講の心理的障壁もずいぶん異なり，15分であれば営業担当者も集中して受講し，受講したら実際に試してみたくなるはずであろう。見て終わりではなく，今日の商談からやってみようという姿勢になることが大切である。

　また，実践でつまずいたときのためのツールも必要だ。これにはタブレットが有効である。タブレットにテンプレート化された営業ツールの動画が用意されていれば，営業担当者が説明に詰まったら，即座に動画を流せばよい。営業担当者にはとにかく，顧客の前で課題に関する質問から入り，テンプレート型のソリューション，製品の説明をさせることを習慣づけさせる。それとともに，仮にうまく説明できなくなったら動画を流すことにする。その動画を顧客と一緒に見れば，顧客だけでなく営業担当者自身もうまく説明できなかった部分が理解でき，次回から自分で説明できるようになる。やはり教育は実践を重ねてこその効果が発揮できるものなのである。

5　顧客ニーズを先取りしたルールメイキング

　最後に，日本企業が最も苦手としているルールメイキングについてである。
　日本企業は顧客に忠実ではあるが，顧客のニーズを先取りできてこなかった。このことと日本の製造業の利益率の低さは関連しているのではないだろうか。もちろん，終身雇用制がベースであったため，人件費という高い固定費を維持しなければならなかったという事情もあるが，反面，日本企業の賃金水準は決して高くない。顧客が考えられる範囲で製品を出しても，過去の製品と比較しての価格設定になってしまい，高い利益は取れない。顧客のニーズを先取りするためには，市場環境の変化，顧客が無駄に思っていることや悩んでいることをしっかりと把握した上で標準化を推奨することが必要である。
　日本の製造業は競合が多く，おのずと価格競争になってしまうという，利益

を享受できない構造になっている。今，求められているのは新しい市場の創造であり，そのためにはまず規格の標準化をすべきである。それにより，他社とも協力し合えるので，工数やコストを圧倒的に減らすことができる。

　そのような市場にするためには，自社製品と他社製品を比較しながら提案するというスタンスはやめるべきである。競合するのではなく，顧客や顧客を取り巻く環境にさらに焦点を当てる。顧客にとっての問題点，その背景にある非効率性の原因にフォーカスすることが必要だ。コマツが「スマートコンストラクション」を展開する理由は，土木業界特有の非効率的なシステムに着目したことが発端となっている。現場を可視化し，いかに無駄を解消するかというテーマから出てきたものであり，国土交通省のICT施工の原型にもなっている。

　こうした機能を実現するためには，マーケティング部門と渉外部門の連携がますます重要になってくる。横河電機はマーケティング本部内に渉外機能を有しており，マーケティング部門と渉外部門は一体となって動かなければならない。顧客の課題を解決するため，常に背後にある大きな山を動かすことを考え，そのために必要となるルール形成を考える。こうした機能連携が今の日本企業には求められているのではないだろうか。

（参考文献）
・「ナイキとアディダス，2大メガブランド発"スニーカー革命"の裏側」WWD JAPAN（2019年6月24日）
　https://www.wwdjapan.com/articles/856803
・オークマ取締役副社長　家城　淳「【オークマ】DS2部品工場における新世代のスマートファクトリーの構築」JMA Web サイト
　https://member.jma.or.jp/gf_okuma_report/
・「DXを急ぐ工作機械大手のオークマ，組織最適化へプロジェクトチーム」ニュースイッチ（2021年1月25日）
　https://newswitch.jp/p/25624
・「オークマ，日立とIoTで協業—高効率生産システム提案」日刊工業新聞（2017年5月17日）
　https://www.nikkan.co.jp/articles/view/00428377
・大河原克行「リコーがオフィスサービス事業の取り組みを説明，提供価値や取引

顧客の拡大を図る」クラウド Watch（2021年12月 6 日）
https://cloud.watch.impress.co.jp/docs/news/1371431.html
・「リコージャパン　スクラムパッケージ販売増に手応え　リコー版 kintone と連携
　強化，PFU も加わる」週刊 BCN（2022年 7 月28日）
https://www.weeklybcn.com/journal/news/detail/20220728_192761.html
・オークマ広報部インタビュー
・リコージャパンインタビュー
・ベッコフジャパン川野俊充氏インタビュー

第 7 章

代理店依存から代理店とともに行う需要創造へ

1　代理店ビジネスの限界

　日本企業は代理店網を構築・活用することで効率的に販売活動を行ってきた。代理店は顧客に密着した営業体制を敷き，販売機能・在庫機能・代金回収機能などを担うことにより，人体でいうと毛細血管のような働きをしてきたのである。しかしながら，特に国内市場ではもはや，右肩上がりの成長を前提とした代理店の仕組みは現状と合わなくなっている。

　昨今，代理店営業の限界がいわれている。それは，①過剰となっている代理店網，②代理店依存に伴う顧客理解の限界，③脆弱な経営基盤，④流通や代理店への過剰な配慮，などの問題があるからだ。

1　過剰となっている代理店網

　市場のパイが増えているのに製品が行きわたっていない時代であれば，メーカーが販売拠点を多く持つことが有利に働いた。メーカーだけで製品を行きわたらせるのは難しかったので，多くのメーカーが全国に代理店を設置した。代理店は顧客との接点となるだけでなく，在庫の保管，物流，代金回収といった機能を発揮し，メーカーの成長を支えた。

　ところが現在，代理店網を駆使した営業体制は多くの問題を抱えている。成熟した市場の下では，成長時代に構築した代理店網では供給過剰となってしまうため，代理店の数をある程度絞っていく必要があるが，他人資本である代理店を淘汰することは難しく，店舗過剰のままである。結果として，地域によっては限られた市場を複数の代理店が奪い合う構図になっている。

2　代理店依存に伴う顧客理解の限界

　代理店に依存した販売方法は，顧客との間に代理店がいるためメーカーに情報が入りにくく，メーカーの顧客理解が限定的なものになってしまう。メーカーが顧客にソリューションを提案したいと考えても，代理店が従来の箱売り

しか好まない場合は競合に大きく水をあけられてしまう恐れがある。代理店はそれぞれの販売地域や顧客といった商権を持っており，メーカーはそれを壊してまで介入することができないのである。そこでメーカーは，代理店をセグメント化して選別するなどさまざまな施策を講じてきている。

　一方で，代理店を選別することはさまざまな苦労を伴うものである。現在の商流は代理店にとっての既得権である。ポテンシャルが高い顧客に対して，代理店の既得権を尊重した上で事業を拡大するには，メーカーが顧客にダイレクトに接触して商流だけを代理店経由にするか，もしくは代理店を教育して事業拡大してもらうかのどちらかである。ところが成長意欲の乏しい代理店が商流を握っている場合，いくらメーカーがリソースをかけても代理店が育たなければマージンが代理店を経由するだけになってしまう。代理店を尊重した上で，いかに顧客理解を深め，顧客と価値を共創するかという課題に直面している。

3　脆弱な経営基盤

　代理店が抱えている最も深刻な問題は後継者不足である。世襲制で経営してきた代理店は，子息が厳しい経営状況を見て後を継ぐことを躊躇してしまうことも多い。そのため，チャネルとしての代理店を通して販売するという過去からのスタイルから，メーカーが顧客に対するダイレクトなタッチポイントを持ちながら推進するスタイルへの変革が求められるようになっている。建機業界などで見られるように，後継ぎがいない優良代理店をメーカーが買収し直販化することもある。

4　流通や代理店への過剰な配慮

　家電製品など大手量販店の流通に依存すると，流通とのカニバリゼーションを恐れるあまり，新しい販売方法を生み出しにくくなるという問題もある。家電や食品などに見られるように流通は大型化しており，大手流通のバイイングパワーである程度の量を売ることはできる。しかし，それだけでは新しい価値や売り方は創出できない。たとえば，メーカーが消費者に直接サブスクリプ

ションモデルを提案するなど，新しいカテゴリーの需要を喚起することは，市場を活性化する上で大変有効な策である。

② 企業事例

1　アイロボット

(1)　企業概要

　アイロボットは，マサチューセッツ工科大学（MIT）のロボット学者たちが1990年に創設，2002年にロボット掃除機「ルンバ」を市場に投入した。21年には15.64億ドルの売上を実現。米国マサチューセッツ州ベッドフォードに本社を構え，米国，欧州，アジアに展開している。米国NASDAQ市場上場企業である。

(2)　ロボット掃除機による市場創造

　アイロボットは，ロボット掃除機市場を着実に拡大している。同社日本法人のアイロボットジャパンでは「ロボット掃除機を一家に一台」というスローガンを掲げており，「2023年までに世帯普及率10%達成」を目標にしている。それには，まず，「ロボット掃除機は高価である」という消費者の固定観念を払拭しなければならない。市場開拓をするためには，量販店などのチャネルを重要なパートナーであると再認識すると同時に，こうしたパートナーに送客すること，つまり市場自体は自社が主体的に創造し，消費者が結果として量販店などのチャネルで購買するというパートナーシップの在り方が重要と考えた。実際，ネット販売とは異なり，量販店のようなリアルな場で購買する消費者は多いという。

　日本の消費者はロボット掃除機に興味は持っているものの，使ったことがないので，その効果をよく分かっていない。同社の社長である挽野元氏によると，ロボット掃除機の購入を躊躇する人の理由はほとんどが「新しく掃除機を買う

ならスティック型」「価格が高い」「本当に掃除できるのか不安」「良心の呵責」の４点に集約されるという。つまり，潜在的ニーズはあるのだが気づいていない。多くの消費者はスティック型掃除機，もしくはキャニスター掃除機を使っているが，彼らは「掃除をすることに手間がかかる」という固定観念を持っている。しかし掃除をロボットにやらせるということに対して，興味はあるがニーズが顕在化していないのである。これらの要因を解消するためには製品以外の訴求が必要であった。

　18年10月に発売した「ルンバe5（以下，e5）」では，ロボット掃除機としては価格競争力のある５万円を切る価格で，頭脳や吸引力は上位機種並みという圧倒的コストパフォーマンスにより，多くの新規ユーザーの取り込みに成功，同社が想定していた以上に受け入れられた。

　挽野氏は，e5のヒットでブランドの認知が広がったため幅広い価格帯の商品をラインアップし，コストパフォーマンスの優れている普及機も発売した。さらに普及率を上げるために，サブスクリプションサービスによるロボット掃除機を年間通じて使用してもらう機会を提供することが大事だと考えた。

　そして19年６月，ルンバを月額1200円からレンタルできるサブスクリプションサービス「Robot Smart Plan」を開始した。これは本国の米国でも実施していない，日本発のサービスであり，二年の構想期間をかけて実現している。

　「Robot Smart Plan」は，これまでロボット掃除機を導入したことのない顧客に使用機会を広げた。アイロボットジャパンが19年６〜11月に実施したサービス利用者638人へのアンケート調査によると，継続利用意向率が98％と非常に高い満足度を得るサービスに成長している。

　同社は，製品単独ではなく，サービスとして価値を提供する方法を再定義し，顧客への新しい「お掃除体験」というCXを提供することを自分たちの価値とした。そこで，20年５月下旬に実施したアンケート結果を分析し，コロナ禍によって顧客の在宅時間の増加とともに家事負担が増え，料理と掃除を負担に感じていることを把握している。また，ペットの有無，家族構成，共働きかどうかといった現在の顧客のライフスタイルの違いに鑑み，在宅時間の増加に伴う

家事のストレスからいかに解放し，よりよいお掃除体験を提供するか，またそれにより固定観念が強い日本の消費者の行動変容をいかに促すかを意識してマーケティングを展開している。

　同社は，23年までにロボット掃除機世帯普及率10％達成という高い目標を目指して，サブスクリプションモデルのさらなる進化を図っている。サブスクリプションサービス開始から1年が経過した20年6月8日，顧客からの声を基に「製品ラインアップ拡充」「契約期間の短期化」「さらなる低価格化」を実現した「Robot Smart Plan＋（プラス）」を新たに開始すると発表した。

　「Robot Smart Plan＋」では，ロボット掃除機「ルンバ」に加え，床拭きロボット「ブラーバ」の全ラインアップが追加された。これは夏になると床を裸足で歩くことが多くなるため，床拭きロボットの需要が高まるという日本の生活習慣を加味して設定されたものである。さらに，気軽にレンタルできる「おためし2週間コース」と，36カ月の保証がついた「あんしん継続コース」の2つのプランを選べるようにした。特に，手軽さやちょっと試したいという消費者のニーズから，「おためし2週間コース」が非常に好評であるという。「おためし2週間コース」は機種にかかわらずレンタル料金は1980円と均一で，「あんしん継続コース」に移行した場合は2週間コースの料金が全額キャッシュバックされる上に，初月の月額利用料金が無料となる。ロボット掃除機を使用したことがない消費者に幅広く経験してもらうことを狙ったものであり，より幅広い層にロボット掃除機の経験を促し，さらにプランの乗り換えを勧めることで，サブスクリプションモデルのビジネスを推進しようというものである。

　こうしたアイロボットジャパンのサブスクリプションモデルはレンティオとの協業によって提供されており，消費者がロボット掃除機を利用する機会を設け，気に入ればそのまま購入できるというオプションもついている。「Robot Smart Plan＋」はコロナ禍でなかなか出かけることができないという環境下で発表されたが，生活習慣が劇的に変化し，家にいることが多くなった消費者が掃除という家事にあらためて着目する機会となったタイミングとうまく合致した。楽に短時間で掃除を済ませたいという心理を喚起したことで，それまでの

「掃除機はスティック型」という固定観念を取り払い，ロボット掃除機を試してみたいという消費者を刺激することとなった。

こうして同社は，ロボット掃除機の世帯普及率を高めることに成功した。e5発売前は4.5%だったが，e5の発売により19年6月時点で5.1%，20年5月末時点で6.5%，22年2月には8.3%にまで高まっている。

このような積極的な需要創造により，それまで量販店など販売店経由での販売のみであった間接的コンタクトから，レンティオとのパートナーシップで顧客に対するレンタルプランを提供する中で，2週間後の契約状況など詳細の情報を把握することが可能となった。「おためし2週間コース」設置は，何よりお掃除ロボット市場の拡大に大きく貢献している。市場規模が拡大すれば，量販店にとっては顧客が増えることになる。つまり，新しいサービスを気軽に試せる場をつくることで，一歩踏み出すことを躊躇していた消費者の潜在的なロボット掃除機へのニーズを顕在化させることに成功した。こうした消費者の多くは量販店で購買をしているという。

同社ではサブスクリプション参入を検討した際，サービスプランを固める上で貸出モデル・期間・価格の3点について議論を重ねた。特に価格についての議論は白熱した。ロボット掃除機を生活に溶け込ませるには，消費者にとって手が届きやすい価格帯にすることも必要である。通常より低めに設定してロボット掃除機の経験者を増やし，年間を通じて使用してもらうことに重きを置いた。

また，契約期間の36カ月を過ぎれば，貸与していたルンバはユーザーの所有物になるという設定にしたこともお買い得感を醸成した。「あんしん継続コース」の場合，最上位モデル「ルンバs9＋」のレンタルは月額5480円で，36カ月分だと19万7280円。一方，22年10月末現在，公式オンラインストア価格は税込18万6780円と1万円程度の価格差に抑え，普及を早めている。挽野氏は，サブスクリプションモデルの導入で消費者が掃除機に関する固定観念を払拭し，ロボット掃除機に関心を持つことが最も大事であると考え，サブスクリプションサービスを通した販売パートナー（量販店）とのより強固な関係構築を図っ

ているという。

　日本の家電メーカーにも，おそらく同様のサブスクリプションサービスを検
討しているところは少なくないと思われる。ところが，その多くが挫折してし
まう一番の理由に挙げられるのが量販店など販売チャネルとのコンフリクトで
ある。同社はあえて，コンフリクトを恐れずサブスクリプションサービスを築
き上げた。営業担当者が各量販店に丁寧に説明に回ることで，その構築を実現
させているのである。サブスクリプションモデルは消費者のロボット掃除機の
使用体験を増やし市場を創造するものである。これは消費者の製品の認知度を
高めることで成長する量販店のビジネスにも大きく寄与している。

　こうして，アイロボットジャパンが獲得した消費者からの情報は，消費者の
お掃除体験から出たニーズを把握し，商品開発，マーケティング施策の大いな
るヒントとなっており，量販店とのパートナーシップをさらに強化することも
つながっている。メーカーにとって量販店との関係性は，販売してもらう場で
はなくともに需要を創造するパートナーになることがいかに必要であるかを，
同社の事例は示している。

2　Vieureka

　Vieureka（ビューレカ）は，パナソニックホールディングス，JVC ケンウッ
ド，WiL の3社が合弁して2022年7月1日に設立された会社である。もとも
とはパナソニックホールディングスの R&D（研究開発）部門から生まれた新
規事業としてスタート，その後，ベンダーフリーのスタンスでエッジ AI プラッ
トフォーム事業を拡大するために，ベンチャーキャピタルの WiL が仲介し，
JVC ケンウッドも資本参加する形で設立された。

　JVC ケンウッドの通信型ドライブレコーダーには AI が搭載されており，パ
ナソニックの Vieureka 事業とプラットフォームを共同開発すれば大きなシナ
ジーが獲得できると考えた。株主構成は，パナソニックホールディングスと
JVC ケンウッドが32.967％，WiL が31.868％，CEO を務める宮崎秋弘氏が
2.198％である。こうしてパナソニックホールディングスからスピンオフの形

で生まれた同社は，迅速な意思決定ができ，顧客の成功を起点にプラットフォームを広げることを目指している。

　Vieureka事業が着目する社会課題は，少子高齢化に伴う人手不足や熟練工の技術伝承，コロナ禍をきっかけとした企業内の働き方改革にあり，人の対応が必須である現場の生産性アップに寄与しようと考えている。ハードウエアとAIを掛け合わせて端末側でAI処理を行ってからデータをクラウドに送信すれば必要なデータの通信だけで済み，通信コストを大幅に削減できる。同社は，こうしたエッジAIの市場が27年までには80億ドルに成長すると考えている（Astute Analytica調べによるエッジAIソフトウエア市場予測，21年11月）。

　一方で同社は，このようなエッジAIの開発・導入・運用を各社が独自で行っていては，社会実装のための「死の谷」を越えられなくなるため，それらを簡易に行うプラットフォームが必要になると考えたのである。同社は，エッジAIを開発するためのSDK（ソフトウエア開発キット）とエッジAI遠隔マネジメントプラットフォームを提供することで，イノベーションにおける「死の谷」を越えようとしている（図表7-1）。

　ターゲットとする市場について述べる。同社は，小売店舗には直販を中心に

図表7-1　Vieureka事業における開発・導入・運用を簡易にするプラットフォーム

（出所）　Vieureka提供資料より作成

展開し，工場・建設，介護施設など小売店舗以外の業界にはパートナー経由で販売をしている。パートナー経由での販売は同社の共創事業グループが行っている。

　小売店舗に対しては，同社の小売事業グループで店舗の来客分析ソリューションをエンドユーザーおよびパートナーに提供している。来客データを分析し，年齢の推定，定量化，可視化を推進している。同社に蓄積されたノウハウを展開することで，小売店舗のマーケティングに生かしている。小売店舗では，店舗DX（デジタルトランスフォーメーション）に意欲的だとしても人的リソースの不足で取り組めていないところが多い。そこを同社は事業機会と捉えている。

　同社では，小売業界のアーリーアダプター，イノベーターの企業をターゲティングし，現在，メーカーおよび小売業者に同社の来客分析サービスを展開している。小売以外の業界については，パートナー経由で販売している（**図表7-2**）。以下，同社が推進している共創パートナープログラムについて紹介したい。

　同社は19年からパートナー募集を開始し，年に2〜3回，パートナー会を開催している。これまでに450社700人が参加した中でソリューションパートナーは22年7月1日現在51社，開発だけでなくシステム運用までやるところが多い。

　ハードウエアパートナーは同9社ある。Vieurekaのプラットフォームにつなぐことのできるハードウエアをより幅広く拡張している。カメラを例に取ると，コニカミノルタなどさまざまなカメラメーカーに対してオープンにすることで，ハードウエアの選択の幅を広げている。ドライブレコーダーなど車載用途の場合，70〜80℃までの耐久性や防炎型の監視カメラ，暗視できるカメラなど，環境要因やニーズのバリエーションが多彩なため，カメラを1社で提供することは不可能である。そこで，オープンなスタンスで幅広くパートナーシップを組むことにしているのである。顧客が欲しいのは画像認識の結果であり，カメラではないからである。

　また，商品・サービスの販売・設置・インテグレーションを行うのがセール

図表7−2　Vieureka の共創パートナー

ソリューション					ハードウエア	セールス・インテグレーション
AI Dynamics Japan 麻布大学介在動物学研究所 クラスメソッド IoT.kyoto NCDC パナソニックシステムデザイン ソラコム ウィジェット	アイセル ビーコア eBASE MAGLAB NTT西日本 パナソニックシステムネットワークス開発研究所 スマレジ	アプリズム ブレインズテクノロジー FPTソフトウェアジャパン モノプラス ニッコクソフト PUX システムフォレスト	AWL ケアコム アイ・アイ・エム モルフォ 大阪市立大学無線及びセンシング研究室 プロアシスト ウェルボ	パナソニックネットソリューションズ シーキューブ インテージ 三井住友海上火災保険 ベストビジョンソリューションズ ソフトバンク ウイングアーク1st	ArchTek 中日諏訪オプト電子 ファインフィットデザインカンパニー アイプロ JVCケンウッド コニカミノルタ ミラクシアエッジテクノロジー オカムラ ソシオネクスト シキノハイテック	松陽電工 ワヨー NTTビジネスソリューションズ

（出所）　Vieureka プレスリリースより作成（2022年7月1日時点）

ス・インテグレションのパートナーで同5社ある。パートナープログラムの内容は，SDK の提供，教育，開発，カメラの設置などに関する技術面の支援である。顧客から要望があった際，来客分析などの分析支援，セミナーなどにおける他パートナー事例の紹介などをしている。たとえば介護用途であれば，パナソニックホールディングスが展開する介護支援サービス「LIFELENS サービス」が，HITOWA ケアサービスにおいて1500床の導入が済んでいるが，こうした取り組みを紹介している。

　ここで，共創パートナーのエッジ AI プラットフォーム活用による事例を紹介する。IoT.Kyoto（株式会社 KYOSO）は，京都に本社を置く IoT システムの開発会社であり，ソリューションパートナーとして Vieureka のエッジ AI プラットフォームを活用した開発を行っている。同社では，コロナ禍において Vieureka のプラットフォームを利用し，マスクに対応した顔認証による電子

錠開閉システムを開発した。高性能な CPU を搭載した「Vieureka カメラ」と画像解析，クラウドからカメラの管理，アップデートができる「Vieureka PF」を利用して開発を推進した（**図表7-3**）。

　このシステムの仕組みを簡単に説明すると，まず，Vieureka カメラで顔を検出する。そして画像をクラウドに送信し，あらかじめ登録してある顔写真と一致するかどうかをクラウド上で推論，判定結果をマイコンに送信し，電子錠の開閉を判断する。開閉状態がディスプレイに表示され，iPad 用 Web アプリに最新状況を表示する。

　通常，複数拠点を統合管理できる指紋認証システムを導入するには数百万円のコストがかかるが，同社が提供する IoT スターターパック内の「Vieureka 顔認証ベーシックパック」と電子錠を連携することによって数十万円のコストで非接触の顔認証による開閉システムが導入できる。iPad を使って Web アプリに登録するだけで開始できるので，誰でも簡単かつ短時間で顔認証ドアを利

図表7-3　顔認証ドアのアーキテクチャー

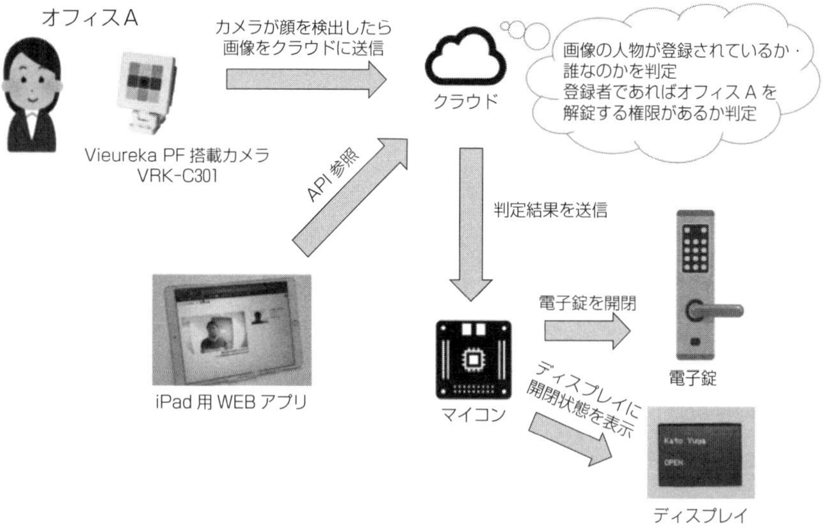

（出所）　IoT.kyoto より作成
　　　　https://iot.kyoto/usecase/2020/10/01/8796/

用できる。

　パートナーとのこうした事業展開を通して同社が目指しているのは，人に代わって働くエッジ AI によるグローバルでの社会インフラ構築である。パナソニックホールディングスの Vieureka 事業におけるエッジ AI 実装実績，JVCケンウッドのドライブレコーダーでの市場実績，WiL の大企業でのオープンイノベーション支援実績というそれぞれの強みを組み合わせ，成長する事業に仕立てることを目指している。

　Vieureka のビジネスモデルは，小売企業に対しては遠隔エッジ AI マネジメントに加え，データ提供サービスとして事業展開し，月額課金するリカーリングモデルである。また，パートナー経由で販売されたものについては，遠隔エッジ AI マネジメントのリモートメンテナンス代金として月額課金をするリカーリングモデルである。同社にとっての 1 番の強みは遠隔でのエッジ AI マネジメントであり，これはパナソニック内部で構築されたものである。これにより，世界中の監視カメラの監視が可能である上，クラウドでの集中監視ができる。また，どのような画像認識アプリが動いているか，その稼働状況なども監視することができる。国内だけでなく，海外のシステムも可視化することが可能であり，この強みを生かしたリカーリングモデルの構築を目指している。

　このような社会課題解決とビジネス推進を両立させる際に同社が苦労していることは，いかに早くネットワーク効果を出すかである。市場に広めるにはたくさんの端末をつなぎ，簡単に数百万台の端末を操作できるといったネットワーク効果が必要である。

　そのためには，オープンなスタンスと管理のしやすさ，使いやすさが必須である。同社が持つエッジ AI をリモートでマネジメントする仕組みと小売業界に関する知見を土台に，データの意味づけをしっかりと行うことで，小売店舗にデータ事業を展開できる強みを一層伸ばすことが求められる。この事業をデータ事業に進化させるには，人数，年齢といった単なる数字ではなく，小売店舗の売上アップや運営効率化に踏み込んだ提案が不可欠であり，それができることが同社の強みである。

　現在，同社はそういった強みをさらに強化することで成長を目指している。さらなる成長のためには人材の育成が急務であるが，同社にはパナソニックやJVCケンウッドからの出向者が多く，彼らのモノづくりに関する知識や経験だけではこの成長を遂げることは難しい。求められるのはやはり，SaaS事業経験者の早急な育成と獲得である。同社では，限られたリソースで市場に社会インフラとしてのエッジAIを広めるには，自分たちの強みに一層フォーカスすることであると考えている。

③　代理店とともに行う需要創造に向けて

　代理店との関係を生かし，新たな需要を創造するにはどうすればよいかについて述べたい。

　代理店とのこれまでの関係から，代理店をなくして直販に切り替えるのは現実的に難しいということもあり，代理店は重要視すべきであるというのは事実である。一方で，代理店の中でも，やる気に満ちていて人材育成にも積極的なところと，商流を通すことを既得権化し，権利だけ主張するところとは分けて考えなければならない。セグメンテーションを適切に行い，価値をともに創造していけそうな代理店は，育成などの支援を通じて伸ばしていく。

　加えて，従来の代理店だけでなく新しいカテゴリーの販売代理店を探索する必要がある。新しい価値を創出するためには，代理店にも新しい考え方を取り入れてもらわなくてはならないからである。その際，自社が代理店とともに需要創造するというスタンスを忘れてはならない。メーカーにとって代理店は単なる商流ではなく，価値共創のパートナーという位置付けに変えるのである。これについては，①代理店網の見直し，②パートナープログラムの構築と運用，③需要創造機能の構築，という3つの視点がある。

1　代理店網の見直し

　日本のメーカーは長い年月をかけて代理店網を培ってきたが，顧客のニーズ

に合わせて代理店網とともに提供価値を変革できてきただろうか。今，顧客が求めているものは単なる製品にとどまらず，課題解決や顧客の成功体験へと大きく変化している。にもかかわらず，代理店網はいまだに製品の販売チャネルにとどまっているところが多い。

　難しいことは直販で行い，代理店は商流として製品を流して販売してもらうチャネルと考えていると，代理店に対する新たな期待は出てこない。代理店が成長しなければならないのと同様に，メーカーも代理店に対して新しい価値創出に関する提言ができなければ去られてしまうというくらいの，いい意味で緊張感ある関係性が求められる。そこで，代理店をある程度見える形で選別することも必要である。

　これまで，代理店の評価は仕入金額で決まってきたが，それはあくまでも製品をどれだけ流せたかという実績に過ぎない。顧客への価値共創を進めていくことを考えると，代理店がどれだけ人材に投資をしているか，製品だけでなくソリューション型の事業にどれだけ意欲的であるかといったことも評価しなければならない。つまり，代理店のポテンシャルをいかに正しく把握できるかがポイントとなる。

　もちろん，代理店の仕入れ全体に対して自社の比率がどの程度かという評価もあるが，それに加えて，代理店の会社としての取り組みをよく見なければならない。ともすれば，ポテンシャルは小さいが自社製品を目一杯仕入れてくれる代理店ばかりが重宝され，ポテンシャルは大きいが自社製品はあまり仕入れていない代理店には，リソースがほとんど振り分けられないということにもなりかねないからである。将来の自社のポートフォリオを形成するポテンシャルがある代理店との関係性を強化し，将来，顧客に向けて価値を共創するパートナーを構築するという視点に立つのである。その変化に対応できる代理店はどれくらいあるのか，その価値をともに創造していくためにふさわしい代理店網とはどのようなものなのかという考えを常に巡らせなければならない。

　たとえば，複合機メーカーは複合機の販売だけでなく，顧客のワークフローを解決しようとしている。そのため，ワークフローソリューションをともに提

供できるパートナーがより重要になっている。工作機械やFAシステムのメーカーであれば，単器やシステムを販売するだけではなく，より生産性の高いラインインテグレーションまで顧客と考えることができる企業がパートナー候補になり得る。

2　パートナープログラムの構築と運用

　代理店との関係性を刷新していくためには，自社の提供するソリューションを，代理店が少しでも組みやすい仕組みに変えて用意する必要がある。SDKのようにソリューション開発のキットを提供することで，顧客との接点を持っている会社がそれらを利用してソリューションを開発しやすくすることが求められている。そういったプログラムを提供し，代理店の開発支援をするのである。

　製品販売のみを行っている既存の代理店から，このような顧客に対するソリューション開発をともに行えるパートナープログラムへと軸足を転換していき，製品販売だけでなくソリューション提供をしたい代理店に対しては教育などのサポートをすることも必要だろう。

　その際，非常に重要なのは，代理店が展開しているソリューションを理解し，連携しやすい環境を整えることである。たとえばリコージャパンは，大塚商会と複合機の連携ソリューションにおいて，大塚商会が展開しているスキャニングソリューション，Quickスキャンとリコージャパンの複合機との連携を進めている。このように代理店が積極的に展開しているソリューションとの連携を密にすることにより，代理店との関係を強固にできるのである。

3　需要創造機能の構築

　代理店と需要を共創する際，最も大事なのは代理店に過剰に配慮してはならないということである。アイロボットの事例に見られるように，価値を最大限に発揮するにはサブスクリプションモデルなどを採用して幅広い消費者に新しい価値を認知してもらう仕組みを構築することが求められる。同社はレンティ

オという新しいパートナーとともに消費者にサブスクリプションモデルを提供した結果，製品の購入を希望する消費者が増えてロボット掃除機市場が拡大し，量販店の売上アップにも寄与することとなった。市場創造のためには新しい販売方法を模索し，その意義を代理店によく説明して理解してもらう必要がある。

　また，メーカー自身が顧客とのコンタクトポイントを持つことも欠かせない。昨今は IoT を利用して機器からデータを収集できる。そのデータを活用して，代理店とともに価値を創造するのである。たとえば，工作機械や建設機械，FA 装置の故障は顧客の大きな損失に直結してしまうので，機械や装置を遠隔監視して予兆保全をする。それに際しては，その仕組みに代理店にどうかかわってもらうのかが問題となる。遠隔監視・予兆保全の例でいえば，そういったシステムやデータ収集のことを教育した上で，保守パッケージの販売を担当してもらうことなどが考えられる。

　あるいは，予兆保全の Web サイトを代理店名で展開することも考えられる。つまり，メーカーの OEM のような形態を取るのである。メーカーからは代理店の向こう側にいる最終顧客が見えないが，最終顧客のデータを見ながら，保守プログラムの推奨，販売，部品出庫，保守サービスは代理店が行うといった仕組みも有効である。代理店はメーカーが自分の顧客からデータを収集することをよくは思わないものである。しかし，それを逆手に取り，代理店名のWeb サイトにして運営はメーカーが行うなど，代理店の懸念点を払拭するように考慮することが重要である。

　また，代理店の実情として，単独でこのようなシステムを構築するのは難しいと考えられるので，その心理的障壁を取り除くことができれば需要はあるはずだ。新しいビジネスにつながるならば代理店の参画が増えるだろうし，メーカーも最終顧客の情報を収集できるという Win-Win の関係が構築できる。

　さらに，受注業務，在庫，出荷配送，請求書発行といった一連の業務をメーカーが代行する BPO 業務も，代理店に対する支援としては有効である。実際，あるメーカーは代理店と顧客との間の消耗品受発注業務をネットで行えるようにした。その結果，代理店は受発注，消耗品在庫管理や配送，請求書発行など

の業務をメーカーに委託し，本業であるセールス活動に一層フォーカスできるようになったという事例もある。

　これまで代理店との関係性に安住してきた市場を活性化するには，最終顧客に焦点をしっかりと当て，メーカーと代理店がパートナーとして顧客と価値を共創することが求められる。こうした考え方の下，メーカーは自ら需要創造をするというスタンスに立ち，代理店を価値共創をするパートナーと位置付け，新たな関係性を構築していくことが必要となる。

（参考文献）
・BCN＋R「着想から2年―ルンバのサブスクは日本発！　挽野社長がこだわった三つのポイント」(2019/6/19)
　https://www.bcnretail.com/market/detail/20190619_124165.html
・PRTIMES「アイロボットジャパンがサブスクリプションサービスを一新「ロボットスマートプラン＋（プラス）」を開始―2週間のレンタルコース追加でルンバとブラーバがもっと身近に」(2020/6/8)
　https://prtimes.jp/main/html/rd/p/000000056.000025142.html?fbclid=IwAR0uDs3vP7njUANMOxAPumWCVQQE8koRJllfRpMvsTIWJPKVgBrkzevSF4
・IoT NEWS「IoT.kyoto の Vieureka を活用したマスク対応顔認証入室管理ソリューションなど」(2020/11/26)
　https://iotnews.jp/archives/160610
・アイロボットジャパン挽野元 社長インタビュー
・Vieureka インタビュー

第 8 章

経営の在り方と
組織機能の再定義

1　価値共創機能構築における問題点

　価値共創機能を構築するには，組織全体のリデザインが必要となる。企画，開発，製造，サービスといったバリューチェーンがバラバラに動いているのをいかに有機的につなげ，市場の変化に合わせて迅速に対応できる形にするかが重要となっているからである。

　それに際した経営の在り方の問題点として，①製品販売を前提とした組織能力の限界，②機能間の連携不足，③サステナビリティと事業の分離，が挙げられる。

1　製品販売を前提とした組織能力の限界

　現存する顧客接点との組織機能は，製品を売り切るビジネスモデルでも市場が成長していた頃は大きくすることができた。ところが，これからはそうはいかない。製品を販売するのではなく，顧客体験を提供するという考え方がポイントになっている。つまり，大切なのはむしろ販売後ということである。

　多くの企業では，アフターマーケットはサービス専門部隊が担当し，マーケティング部門や営業部門とは切り離されていて交流が少ない。ところが，顧客体験の提供を前提とするならば，まさしく販売した後からマーケティング部門の役割ではないだろうか。また，そうすることにより，市場創造から使用体験の提供まで一貫したマーケティング活動となるはずである。

　製品を設計する部門は製品を開発することだけを考えているものであり，その活動は製品仕様に基づいているだけで，顧客体験をデザインするという発想がない。しかし，顧客と価値を共創するということは，顧客体験に軸足を置かなければならない。顧客にどのような成功体験をしてほしいのかが発想の起点となるべきである。そう考えると，製品を設計するのではなく，製品を通じて得られる顧客体験をデザインすべきなのである。

　たとえば，コンプレッサーを供給するのではなく，最適なタイミングで最適

な圧縮空気が提供されることにより，工場の生産性が高まるという成功体験である。あるいは，半導体工場で適正な品質の超純水が提供されることにより，半導体の生産を高められるという成功体験である。そうすると製品ではなく顧客の体験をデザインするという発想になり，どのような体験を提供したいのかを考えるようになる。

　現在の日本のメーカーのモノづくりに適した組織として設計されているため，製品が普及し，さまざまな顧客に使ってもらえるようになった結果，顧客が見えていない組織となってしまったのである。現状，組織としての限界は，どのような顧客にどのような価値を提供したいかについての共通認識が不明確になってしまっていることによる。

2　機能間の連携不足

　日本のメーカー顧客と提供価値に関する部門間の共通認識が弱くなり，それに伴って組織がサイロ化してしまっている。ありがちなのは，製品をつくる役割の人が生産・販売・サービス部門でそれぞれ異なる KPI を見ているということである。これではよい顧客体験などできるわけがない。

　製品設計・開発部門は，求められる製品仕様・性能を中心に考えるものである。そこで重要なのは品質であり，その基準に基づいて製品は開発される。販売部門は製品別の数量ノルマを持っている。サービス部門は販売後のサポートを担当する。いずれの部門もあまり他部門と連携をしていないため，共通認識というものがない。部門横断的なプロジェクトベースでの取り組みはあるものの，通常は別々に動いている。顧客体験という観点で考えれば連携した方がいいのだが，それぞれの機能が独立した形で動いているのだ。

　顧客体験にサービス提供の軸足を置けば，どういう顧客体験を実現したいかという共通認識で部門間の連携が密になるはずである。顧客にどのような体験を提供したいかを考え，顧客の運用をイメージしながらセンサーで IoT データを取得，実運用のイメージを持ちながら設計していくだろう。製品設計というより，顧客体験や事業そのものを設計するという観点なので，製品はそれを

構成する重要なタッチポイントとして設計されるのだ。購買後はまさしく顧客とともにそれを具現化していくフェーズであり，顧客体験という意味では，マーケティング部門は購買後，より活発に動かなければならないはずであるし，さらなる顧客体験向上のために，製品やサービスの企画・開発に関するヒントが獲得できるはずである。

3　サステナビリティと事業の分離

　サステナビリティは今や企業にとって必修科目となり，統合報告書を作成する企業も増え，価値創造ストーリーが構築されるようになった。自社の企業理念，存在意義に関して議論をする際の基点として，マテリアリティ，中期経営計画，理想とする事業ポートフォリオの姿なども加味した議論を重ねた上で，社会価値，経済価値を定めるというプロセスで価値創造ストーリーは語られている。

　しかし，事業を実際に推進する上でこれがどれだけ具体化されているだろうか。絵に描いた餅で終わっていないだろうか。事業の中で具体化し，そこで働く従業員が共感・共鳴することで，より強くかつサステナブルな事業を推進できるのである。

2　企業事例

1　丸井グループ

(1)　企業概要

　丸井グループは，小売事業，FinTech事業を行う企業グループである。2021年度のグループ総取扱高は3兆3734億460万円，売上収益は2093億230万円，22年3月末の従業員数は4654人である。

(2)　丸井グループが取り組む価値共創

　丸井グループでは，すべての人の「しあわせ」をステークホルダーとともに創る「共創経営」を進めてきた。それが同社の企業価値に関する考え方の基本である。こうした経営姿勢は，同社の歴史をさかのぼることで理解が一層深まる。

　丸井グループは創業者である青井忠治氏が割賦販売から事業を開始。1972年，青井忠雄氏が二代目の社長となり，百貨店として事業を拡大。ファッションを中心とした小売に力を入れ，会社は急激に成長した。三代目の青井浩氏が2005年に社長に就任してからは，業態を小売から体験価値をつくることへと舵を切った。20年度までは定借化など百貨店業態からのトランスフォーメーションを推進し，百貨店形態から体験型店舗を主体とする「売らないお店」へと転換している。そして，e コマースを軸としたスタートアップに投資し，店舗は顧客がさまざまな体験をする場として，オンラインとオフラインの融合を同時に推進したのである。

　26年3月期を最終年度とする5カ年の中期経営計画では，オフラインとオンラインを融合するプラットフォーム目指すという戦略を掲げている。単にリアル店舗で販売をするのではなく，デジタル技術を最大限に駆使し，店舗と FinTech を通じての実現を宣言している。小売事業の戦略をそれに合わせて大きく転換している。さらに，1人ひとりの「好き」に出会える，いつ行っても発見のある「イベントフルな店」を目指している。そうしたイベントを拡大して顧客1人ひとりの「好き」を応援することでカードへの入会を促進し，カードの継続利用による高い収益性を確保しようとしている（**図表8−1**，**8−2**）。

　こうした事業展開の基盤となっているのが，割賦販売を中心とした金融事業から進化を遂げた FinTech 事業である。大きな買い物の割賦販売だけでなく，電気の小売や，その支払いを同社のカードを通じて行うなどライフタイル全般をサポートし，LTV（生涯利益）を向上させようとしている。生活にかかわる家賃・定期払い・EC の取り組みの強化と，それによる収益の安定化と同時

図表 8 - 1　丸井グループにおける小売事業の業態変革

売らない店	オンライン発の企業との協業により新たなビジネスモデルを創出し、「オンラインとオフラインの融合」のプラットフォームをめざす
	オンライン発の企業のリアル店舗出店を，資金面と運営面からサポート
	共創投資先をはじめ，オンライン発の企業との協業を着実に拡大することで体験型のテナント構成を拡大
イベントフルな店	アニメやエンターテイメント，サステナビリティなど，「一人ひとりの『好き』を応援する」イベントの幅を拡大
	イベントを拡大することで「好き」を応援するカードへの入会を促進し，カードの継続利用による高い収益性を実現

（出所）　丸井グループ Web サイトを基に作成
　　　　　https://www.0101maruigroup.co.jp/ir/management/plan.html

図表 8 - 2　「売らない店」と「イベントフルな店」

店舗を「オンラインとオフラインの融合」のプラットフォームと位置づけ
「売らない店」への転換をさらに進める

未来に向けた店づくりのために、オンライン発のテナントさまとの協業や
飲食・サービス・体験型テナントの導入など「売らない店」への転換を推進します。

一人ひとりの「好き」を応援する
新しい発見のある楽しい「イベントフルな店」をめざす

アニメ・ゲームなどのコンテンツや新規事業を中心にさまざまなイベントを開催し、
イベント自体が来店動機となる店づくりを通して、一人ひとりの「好き」を応援します。

メルカリステーション
フリマアプリ「メルカリ」の出品方法や売れるコツなどが学べる「みんなのメルカリ教室」や商品を魅力的に撮影できる「撮影ブース」が設置されている実店舗です。「メルカリ」未経験者からヘビーユーザーまで幅広くご利用いただいています。

東京リベンジャーズ
「東京リベンジャーズ」の映画公開とアニメ放映を記念し、渋谷モディ、博多マルイ、なんばマルイにて展示会イベントを開催。会場では、実写映画の展示およびアニメオリジナルの描き下ろしイラストを使用したグッズ販売などを行い、多くのお客さまでにぎわいました。
©和久井健/講談社 ©2020 映画「東京リベンジャーズ」製作委員会

SHIBUYA BASE
ネットショップ作成サービス「BASE」を利用するECブランドが、期間限定で実店舗を営業できるスペースです。実際に商品を見て触れていただくことで、お客さまとブランドのリアルな出会いの場となっています。また、実店舗で開催したいECブランドにとっては、出店手数料がかからず実店舗の運営にチャレンジできます。

グルテンフリー＆ヴィーガンスイーツ
グルテンフリー＆ヴィーガンスイーツの通販サービス「vee ga boo（ヴィーガブー）」の中でも人気のブランドを集めた販売イベントを開催しました。小麦や乳・卵を使わないスイーツを中心に通販では扱わない商品やイベント限定品など150種類以上を販売し、アレルギーをお持ちの方だけでなく、アレルギーのない方も含めて多くのお客さまにお楽しみいただきました。

FABRIC TOKYO
オーダースーツのD2Cブランド「FABRIC TOKYO」のリアル店舗です。新宿マルイ本館などの店舗では採寸や素材・生地選びといった「オーダー体験」ができ、採寸したデータはECサイトや店舗で購入時にご利用いただけます。

KOREAJU
ECサイトを中心に展開する韓国コスメのセレクトショップ「KOREAJU（コリアージュ）」では、定期的にリアル店舗のイベントを開催しています。コスメを自由に試せるテスターバーや韓国コスメ好きのスタッフとの交流などが好評で、お客さまからは「ずっと開催してほしい！」というお声をいただいています。

（出所）　丸井グループ中期経営計画（2022年 3 月期〜2026年 3 月期）を基に作成
　　　　　https://www.0101maruigroup.co.jp/ir/pdf/plan/2022/mp2022_all.pdf

に，事業の差別化を推進している（**図表 8 - 3**）。

　たとえば，子会社でありつみたて NISA に特化した投資信託を扱う tsumiki 証券では，同社カード経由で，100ポイント（100円）から手軽に投資ができる

図表8-3　丸井グループの FinTech 事業

新カード×新アプリ	新カードによる安全性と利便性の向上，少額決済領域の拡大
	新アプリによるお客さまのライフスタイル全般のサポートを通じた LTV（生涯利益）の向上
会員戦略	1枚当たりの獲得コストと LTV を踏まえた発行拠点の再編
	ゴールドカードの取り組みに加え，アニメカードに代表される「一人ひとりの好きを応援するカード」を第二の柱とする，独自性の高いカード戦略の推進
家計シェア最大化	家賃・定期払い・EC の取り組みを強化し，収益の安定化と事業の差別化を推進
共創投資とのシナジー	共創投資先との協業拡大や新たな金融サービスの提供を通じたシナジーの創出

（出所）丸井グループ Web サイトを基に作成
https://www.0101maruigroup.co.jp/ir/management/plan.html

図表8-4　丸井グループの未来投資

新規事業投資	Web サイトや SNS，オウンドメディアなどを通じてファンづくりを行い，ストアフロント型の e コマースへ送客。また，合わせて店舗イベントの運営や，クレジットの提供を FinTech が担い会員募集も行うことで，独自の障壁の高いビジネスモデルを構築
共創投資	創業以来の共創の理念を活かして，価値を共につくる共創投資を実践し，既存事業への貢献利益とファイナンシャルリターンで，長期的な収益へつなげる

（出所）丸井グループ Web サイトを基に作成
https://www.0101maruigroup.co.jp/ir/management/plan.html

仕組みを若者に提供し，投資をより身近なものにしようとしている。このように同社は若者の生活理解をし，その課題解決に取り組んでいる。店舗を実験場としてさまざまな体験の場とすることで，価値の共創を目指しているのである（**図表8-4**）。

　さらに，アニメ好きに代表される「1人ひとりの『好き』を応援するカード」を第二の柱とする，独自性の高いカード戦略に加え，未来投資による共創も推進している。未来投資は，社内でイノベーションの創出を目指す「新規事業投

資」と，社外とのコラボレーションによるイノベーション導入を図る「共創投
資」を合わせ，インパクトと収益の両立を目指している（丸井グループの「イ
ンパクト」とは，同社のビジョンに基づき，サステナビリティとウェルビーイ
ングにかかわる目標として定義されたものである。後に詳述）（**図表8-5**）。

　新規事業投資では，WebサイトやSNS，オウンドメディアを通じてファン
づくりを進め，ストアフロント型のeコマースへの送客に注力している。また，
店舗イベント運営やクレジットの提供をFinTechが担い，会員募集も進めつ
つ，独自のビジネスモデルを構築している。また，投資先との協業拡大や新た
な金融サービスの提供など，投資先とのシナジー創出を推し進めている。

　このように丸井グループは，すべてのステークホルダーの「利益」と「しあ
わせ」を調和・拡大させることによる企業価値向上を目指している。ステーク

図表8-5　丸井グループの三位一体のビジネスモデル

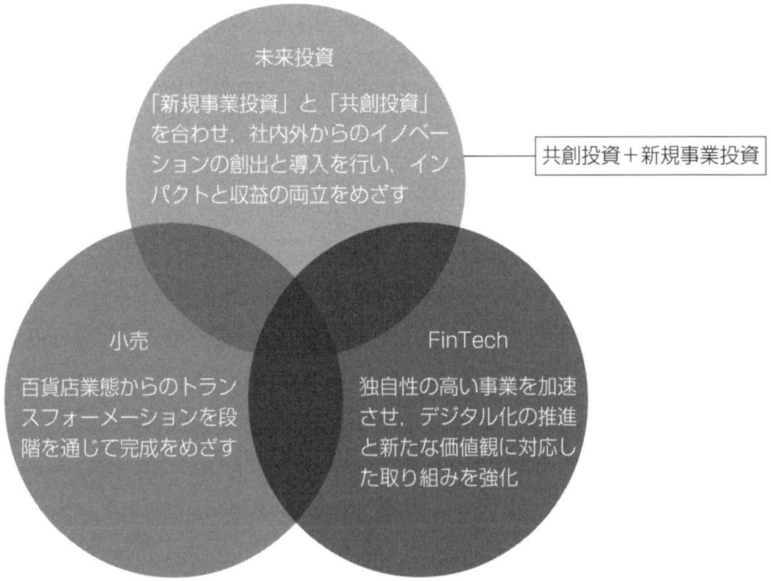

未来投資

「新規事業投資」と「共創投資」
を合わせ，社内外からのイノベー
ションの創出と導入を行い，イン
パクトと収益の両立をめざす

共創投資＋新規事業投資

小売

百貨店業態からのトラン
スフォーメーションを段
階を通じて完成をめざす

FinTech

独自性の高い事業を加速
させ，デジタル化の推進
と新たな価値観に対応し
た取り組みを強化

（出所）　丸井グループWebサイトを基に作成
　　　　https://www.0101maruigroup.co.jp/ir/management/model.html

ホルダーとの共創を通じて社会課題の解決に取り組み，企業価値を高めようとしている。同社の小売×FinTech は「信用の共創」を実現し，そこに未来投資を加えることで三位一体のビジネスモデルとして大きな効果を生もうとしている。

　このような大胆なビジネスモデルの転換を通じて青井浩氏が目指しているのは，知識創造企業である。労働集約モデルから資本集約に転換し，有形資産から無形資産，FinTech という同社が持っている技術を使い，ベンチャー，地域社会，顧客とともに価値を創造しようとしている。「企業価値はすべてのステークホルダーとともに創る」という考え方を持っている同社が媒介となることで，さまざまな世代をつなぐビジネスを創造したいと考えている。

(3)　価値共創の基盤となっている共創サステナビリティ経営の考え方と人材投資

　丸井グループのこうした転換は，同社の長期ビジョンに基づく共創サステナビリティ経営の考え方が背景にある。

　共創サステナビリティ経営とは，「環境への配慮，社会的課題の解決，ガバナンスへの取り組みがビジネスと一体となった未来志向の経営」と同社は定義している。2019年には本格的な共創サステナビリティ経営の実現に向け，長期ビジョン「丸井グループビジョン2050」を策定し，「ビジネスを通じてあらゆる二項対立を乗り越える世界をつくる」ことを宣言している。

　21年には，このビジョンに基づき，サステナビリティとウェルビーイングにかかわる目標を「インパクト」として定義している。その中で，「将来世代の未来を共に創る」「一人ひとりの『しあわせ』を共に創る」「共創のエコシステムを共につくる」と明示し，それぞれの重点項目，取り組み方法，数値目標を落とし込み，そのうち主要な取り組みを中期経営計画の KPI としている。共創サステナビリティ経営を加速させるため，ステークホルダーが求める「利益」と「しあわせ」の調和を取り，拡大することを目指している。

　同社が推進してきたこのような変革には，風土づくりが非常に重要であった。

青井社長のリーダーシップの下,「私たちのめざす姿」としての MISSION,
VISION と,「私たちの価値観」としての PHILOSOPHY, VALUES を打ち出
している。PHILOSOPHY では,「お客さまのお役に立つために進化し続ける
人の成長＝企業の成長」としており,VALUES では「信用はお客さまと共に
つくるもの　景気は自らつくるもの」としている (**図表 8-6, 8-7**)。

　こういった考え方を浸透させるため,基本は人にあるとし,社内人材の育成
を進めている。具体的には,求める人物像として「共感する力をベースに,革

図表 8-6　丸井グループの「私たちのめざす姿」

MISSION

すべての人が「しあわせ」を感じられる
インクルーシブな社会を共に創る

ミッションとは,丸井グループの企業としての使命,存在意義を言葉にしたものです。丸井グループのビジネス
や企業活動は,このミッションを実現していくためにあります。丸井グループのすべての社員は,何かをなすと
き,何かに迷ったとき,その決断がミッションに叶っているか否かを常に心に問いかけて行動する。それが,こ
のミッションの役割です。

VISION 2050

ビジネスを通じてあらゆる二項対立を
乗り越える世界をつくる

ビジョンとは,ミッションを実現するための道筋です。変化する外部環境を見極めながら,すべての社員が一丸
となって進むべき方向を定めたものです。どんなに優れたミッション・バリューも,ビジョンを描き長期目標を
設定してこそ,今何を優先的に実践すべきかが明確になり,具体的な事業戦略を推進することができます。

私たちの方向性
インパクト

将来世代の未来を共に創る
一人ひとりの「しあわせ」を共に創る
共創のエコシステムをつくる

インパクトとは,企業として実現したい方向性を明確化したものであり,2050年の未来を見据えた丸井グループ
の宣言です。私たちが考えるインパクトは,3つのテーマで設定されていますが,「ステークホルダーが私たちに
求めること」と「私たちが応えられること,応えたいこと」の重なりであり,ステークホルダーが起点になって
いるのが特徴です。

(出所)　丸井グループ Web サイトより作成
　　　　https://www.0101maruigroup.co.jp/ci/action.html

図表8-7　丸井グループの「私たちの価値観」

PHILOSOPHY

お客さまのお役に立つために進化し続ける
人の成長＝企業の成長

経営理念とは，ミッションを実現していくために欠かせない行動指針です。「お客さまのお役に立つために進化し続ける」とは，社員一人ひとりが多様なステークホルダーの視点に立ち，相手の想いや痛みを理解できる「共感する力」を通じ，お役に立つことを意味しています。この共感する力を進化させ続けることが，お客さまをはじめ，社会や環境の課題解決につながる「革新する力」を生み出す源になると考えています。「人の成長＝企業の成長」とは，この共感と革新する力を通じて，社員一人ひとりが自己実現を果たしていくことが，丸井グループの成長につながることを言葉にしたものです。

VALUES

信用はお客さまと共につくるもの
景気は自らつくるもの

バリューとは，他のいかなる企業とも異なる，自社を自社たらしめている独自の価値です。これは丸井グループが永続的に持ち続けるべき創業の精神にほかなりません。創業者の言葉「信用は私たちがお客さまに与えるものではなく，お客さまと共につくるもの」に由来する「信用の共創」は，お客さまに寄り添い，長いお付き合いの中で生まれる信用を共に創り，お互いに積み重ねていくことを示しています。そしてもう一つの創業者の言葉「景気は自らつくるもの」は，お客さまの「しあわせ」や社会が変化すれば，私たちもビジネスのあり方を根底から覆し，新たな需要や市場を創造していくという，丸井グループの「革新と進化」の気概です。

（出所）　丸井グループWebサイトより作成
　　　　 https://www.0101maruigroup.co.jp/ci/action.html

新する力を合わせ持つ人材」とし，共感する力を「相手の立場に立ち，想いを共有し理解できる人」と定義づけ，さらに革新する力を「自分の頭で考え，自ら行動する習慣のある人」「変化や違いを楽しむことのできる人」としている。

　このような人材を育てるため，社員の挑戦する自主性を促す「手挙げ」を推奨しており，新事業創出，職種変更など幅広い機会を社員に与え，各々の自主性とそれに伴う自律的組織の実現を目指している。

2　横河電機

　横河電機は，市場環境を深く見通し，顧客との長期的なパートナーシップを育みながら，課題解決のための新しい価値を共創することを目指している。そのために，マーケティング機能改革「Yokogawa's Purpose」の策定と自社の「あ

りたい姿」の再定義，そして，顧客をリードできるソリューション体制の強化のため，業種別の営業組織への再編といった構造改革を行っている。

(1)　企業概要

　横河電機は，計測，制御，情報の技術を軸に最先端の製品，ソリューションを顧客に提供し，エネルギー産業，素材化学産業，さらに昨今はバイオ産業向けのソリューションを展開する企業である。売上高は3899億円（2021年度），従業員数は1万7259人である。

(2)　マーケティング機能の抜本的再構築

　最初に横河電機社のマーケティング改革について述べる。同社が目指している姿は，顧客をリードするマーケティング力の再構築にある。同社は「CENTUM」という制御システムで石油化学業界に大きな足場を持ち，ABB，ハネウェル，エマソンといった世界の超大手と互角に戦ってきた。ところが，石油化学産業はカーボンニュートラルの流れの中で市場の成長が見込めない。当然ながら，こうした業界に強い顧客基盤・事業基盤を持つ同社は，現在の事業モデルのまま顧客に営業をしていたらこれ以上の成長は見込めないということになる。

　2013年，西島剛志氏が社長に就任すると，事業構造を大きく変換する旨を宣言し，15年に中期経営計画「TRANSFORMATION2017」を発表した。自社が創造する価値を「Process-Co-Innovation」と定義し，計測・制御・情報といった技術を集約して，生産プロセスの最適化にとどまらず，企業内バリューチェーンやサプライチェーンの最適化を提供しようとしている。自社の強みを定め，さらには，「顧客と長期的なパートナーシップを育みながら，潜在的な課題の発掘し，解決に導く価値を共創する能力」を強化し，それをコアコンピタンスとすることを宣言している。こうした機能強化のため，同社が行ったのがマーケティング改革と社全体の構造改革である。

　マーケティング部門の大改革は16年4月から着手された。改革前に浮き彫り

となっていた問題点は，組織のサイロ化，縦割り化が進んでいたことである。部門間の壁が高く，日々変化する顧客のニーズに企業として有機的に対応できなかったのである。そこで，マーケティング部門と研究開発部門を融合し，新たなアイデアの提案と検証，そして課題を明確化できる組織とした。また，必要な技術がなければM&Aを行い，積極的にリソースを獲得できるようにした。顧客に対するサービスの価値を創出するには，製品を提供するだけではなく，顧客体験を構築することが求められる。そのための組織の再編成が不可欠だったのである。

　16年，インテルの副社長であった阿部剛士氏がマーケティング本部長に就任し，同年7月にマーケティング本部の大改革を行った。阿部氏が行ったことは，マーケティングの再定義である。阿部氏は，潜在的な需要をニーズとして顕在化させる顧客接点とデジタルを融合することにより，顧客体験価値を高めていくことが必要であると考えた。そしてそのためには，「WHY」と「WHAT」を重要視した。

　日本企業はこれまでは「HOW」で成功してきた。欧米企業が定義した「WHY」と「WHAT」に対して，後追いながらも「HOW」，つまり製品の品質で上回り，勝つことができた。しかし，市場環境が非連続に変化する現在，「WHY」と「WHAT」の定義づけが不可欠である。さらには，「価値提供」だけではなく「意味提供」まで考えなければならないと阿部氏は考えた。

　そこで，阿部氏は，マーケティングを「戦略（ストラテジー）」かつ「インベストメント・センター」と定義し，その役割を，企業価値向上のための①顧客との価値共創，②ルールメイキング，③非財務資産の向上（ブランドと知的財産），④インターナルコミュニケーション，⑤営業・マーケティングのDX化，とした。

①　顧客との価値共創

　横河電機では，マーケティング本部内にR&D（研究開発）機能を取り込み，常に新しいビジネスチャンスを探索し，次世代のビジネスを育てている。同社

の研究開発部門であるイノベーションセンターのミッションを「お客様を含めた社内外と複数の組織を互いに絡め合い（共創），お客様の価値創造に貢献する」としている。また活動方針は，「共創によりイノベーションシナリオを策定し，研究開発活動へ反映する」「研究開発活動を事業インキュベーションにつなげるとともに，必要な技術を獲得する」「研究開発と技術獲得を継続的に可能とする体制を構築し，人財を育成する」の3つを掲げ，研究開発活動を推進している。顧客との共創は顧客体験の創造であり，それがマーケティング本部の役割であると考えている。

　また，社内開発のスピード向上のために「何を自社で開発し，何を外に求めるか」を明確に分け，社外の優秀な企業やスタートアップ，アカデミア（大学やコンソーシアム）と積極的に協業できるようなオープン・イノベーション文化を強化・醸成している。もともと NIH（Not Invent Here）シンドロームが文化として横たわる中で，15年にはコーポレートスローガンとして「Co-innovating tomorrow」を掲げ，現在，研究開発に関するプロジェクトはすべて外部との協業となっている。

②　ルールメイキング

　さらに横河電機は，提供価値を政府や官公庁，関連団体に正しく伝えることに努めており，そのためのルールメイキングに積極的に取り組んでいる。2017年5月，世界経済人会議（WBCSD：World Business Council for Sustainable Development）に加盟し，ビジネスパートナーとともにエネルギーの課題を解決するための新たなるソリューションの提案に取り組んでいる。

　また，2050年に向けた長期目標である「Three goals」を策定している。気候変動対応としての Net-Zero Emissions，すべてのひとの豊な生活を目指す Well-being，そして資源循環と効率化によって実現する Circular Economy である。2030年に向けた中期目標も策定しており，世界経済人会議への参画，関連省庁などへの働きかけを行っている。

　これらを実施するに当たり，同社ではモノづくりの定義を見直した。そもそ

も日本は他国とモノづくりの定義が異なる。欧州や中国におけるモノづくりは
「三流はモノをつくり，二流は技術をつくり，一流はルールをつくる」という
考え方もあり，ルールメイキングを最重要視している。一方で，日本のモノづ
くりは相変わらず技術シード，つまり，技術をどう市場化するかに特化する
ケースが特にB2B産業に散見される。

　欧米企業は今や，「自社の技術や製品・サービスが実現する世界」に焦点を
当て，最終的な受益者であるエンドユーザーのメリットを明確にするという観
点で事業を行っている。よって，CXOレベルでも自社製品やサービスの機能
説明をいまだに中に置く日本企業との差は大きい。よって同社では，「一流は
ルールをつくる」ため，グローバルリーダー的専門家の育成やロビー活動のた
めのタレント育成が急務と考えている。

③　非財務資産の向上（ブランドと知的財産）

　横河電機は創立100周年を迎えた2015年，コーポレートスローガンを「Co-
Innovating Tomorrow」とし，顧客とともに長期的パートナーシップを育みな
がら課題解決のための新しい価値を共創する強い意志を込めた。ビジョンス
テートメントとしては，「Process Co-Innovation」を掲げている。

　これは中期経営計画「TRANSFORMATION2017」において，自社が創造
する価値として定義したものを，ビジョンステートメントとして明確にしたも
のである。これにより，プロセスの最適化だけでなく，あらゆる情報・モノの
流れへと拡大し，顧客とともに価値を創造することを目指している。同社が
培ってきた計測・制御・情報の技術を結集したオートメーションの将来像を
「IA2IA」（Industrial Automation〈自動化〉からIndustrial Autonomy〈自律化〉
への移行）として描き，その実現に向けて邁進している。

　また同社21年10月，「測る力とつなぐ力で，地球の未来に責任を果たす。」と
いうパーパス（存在意義）を発表した。このパーパスは社員の約4分の1に当
たる5000人が参加して作成したものである。目指すべき将来の姿も明確にし，
その実現に向けて邁進することを顧客や社会，そして自社への約束としている。

　これらを実現するために，同社のイノベーションセンターは，シナリオプランニングの手法を使って作成した未来シナリオから選定した活動領域，「バイオ」「エネルギー」「マテリアル」について，Co-Innovation Room（シン〈新〉・共創ルーム）に世界からさまざまな参加者を招き，ワークショップを開催しながらアイデアを創出している。

　さらに，社長の直轄組織である未来共創イニシアティブでは，シナリオプランニングの手法を使って2035年の未来シナリオを作成している。早稲田大学などの外部機関と幅広いネットワークを構築しつつ未来像を描き出し，それを経営陣や事業トップと共有することで対応力を強化しているのである。

　こういった活動を社内外に積極的に発信するなど，自社のブランドの価値を向上させる取り組みも行っている。コーポレートガバナンスに基づき，ブランド，知的財産（知財），人的資本などの無形資産によって顧客価値を創造し，ビジネス成長に貢献しようとしているのである。知財戦略については，競争力の源泉となる知財の量と質のさらなる向上を目指しており，ブランドについては，科学的（定量的）な強度分析による効果的・効率的なブランド価値の向上を目指している。

④　インターナルコミュニケーション

　横河電機では，インターナルコミュニケーションにも大変力を入れている。これは社員も企業にとっての重要なステークホルダーであるという考え方からきている。阿部氏が目指す戦略を社内に浸透させることを目的に，その進捗状況を開示し，マーケティング本部が目指す方向，進捗，組織として抱える課題を本部内全員と共有している。

　また，取り組みに対する社内客観的評価も実施している。2016年度からパートナーサーベイと呼ばれる調査を行い，マーケティング本部が社内の他部門からどのように評価されているかをレビューしている。結果は全社員に公開され，マーケティング本部の変革が同社の変革につながっていると他部門からの評価を受けている。今ではこのパートナーサーベイはマーケティング本部だけでは

なく，コーポレート系のあらゆる他本部でも実施しており，組織のアウトプット向上に役立っている。

⑤　営業・マーケティングの DX 化

　デジタル化の波は横河電機の営業ならびにマーケティング部門にも大きく影響している。阿部氏は，これからは BtoB 企業も「顧客を見つける」から「顧客に見つけてもらう」にシフトするために，マーケティングのデジタルトランスフォーメーション（DX）化に取り組み，社内に MA（マーケティング・オートメーション）&DCC（デマンド・クリエイション・センター）を設置した。並行して，営業のデジタル化のためにマーケティング本部傘下にインバウンド・セールスを立ち上げ，現在はインサイド・セールスへの拡張を急いでいる。

　このように営業・マーケティング部門の DX 化が加速している大きな要因はコロナ禍であるが，この流れはもはや不可逆的なものとなっている。対面営業は限界を迎え，BtoB 企業でさえ従来の売り方を大きく見直す必要に迫られている。阿部氏は「コロナ前後で顧客の購買行動に大きな変化が見て取れる」と述べている。

(3)　存在意義の再定義とそれに基づく事業構造の変革

　2015年度の中期経営計画「Transformation 2017」策定時に，横河電機では10年先のありたい姿とその実現に向けた考え方を長期経営構想として定めたが，21年 5 月に発表した中期経営計画「Accelerate Growth 2023」策定に当たっては，あらためて10年後に考えられる大きな環境変化を視野に入れ，社会共通価値の提供を通じた持続的な成長を目指すために抜本的な見直しを行っている。具体的には，10年後の同社のありたい姿を端的に表現したビジョンステートメントを改め，「YOKOGAWA は，自律と共生によって持続的な価値を創造し，社会課題の解決をリードしていきます」としている。

　同社は，シェルやシェブロンといった大手石油精製企業に対して，極めて安定性の高い DCS（制御システム）を提供することにより，顧客から高い信頼

図表8-8　横河電機の中期経営計画「Accelerate Growth 2023」

（出所）　横河電機 Web サイトを基に作成
　　　　https://www.yokogawa.co.jp/news/press-releases/2021/2021-05-11-ja/

性を獲得してきた。しかしながら新しいビジョンステートメントでは，社会課題の解決を自らリードしていくことを宣言したのである。

　このように「Accelerate Growth 2023」では，社会共通課題を軸とした事業構造を確立し，社会や環境への貢献を拡大しながら成長を目指すとしている（**図表8-8**）。

　また，中期経営計画の発表と同時に「Yokogawa's Purpose」を策定・発表している。同社の原点である計測と制御，つまり「測る力」と「つなぐ力」というコアコンピタンスをさらに強化し，その力を最大化することにより，社会課題の解決に生かし，人と地球が共生する未来をかなえるという強い思いを込めている（**図表8-9**）。

　存在意義の再定義とビジョンステートメントの見直しに基づき，21年4月には事業セグメントを大きく見直した。事業環境の変化を踏まえ，同社がこれまで磨き上げてきた技術・ノウハウや強みを生かせる事業領域の成長のため，従来の製品・機能別組織から業種別組織へと再編し，グローバル規模での顧客接点の強化と顧客の課題にさらに深く突き刺さった形でのソリューション事業へ

図表8−9 横河電機の「Yokogawa's Purpose」と長期経営構想・中期経営計画の全体像

（出所） 横河電機 Web サイトを基に作成
https://www.yokogawa.co.jp/news/press-releases/2021/2021-05-11-ja/

の転換を図っている。

　業種軸でのセグメントは，エネルギー＆サステナビリティ，マテリアル，ライフの３つで構成されている。そのうち，エネルギー＆サステナビリティは最大のセグメントである。多様化するエネルギーの生産・供給・利用・廃棄・リサイクルのバリューチェーン全体にわたり，安全かつ最適な運用を支えることを目指している。マテリアルセグメントは，素材産業との強固な関係を生かして変革に貢献するとともに，環境対策，エネルギーマネジメント，開発・生産へのデジタル技術活用などの強みを生かし，快適さとサステナビリティを両立させる社会を支えること，さらには，マテリアルを生産し市場を開拓する事業にも展開していくとしている。21年１月には，横河バイオフロンティアという子会社を立ち上げ，100％植物由来の素材である硫酸エステル化セルロースナノファイバー「S-CNFTM」を提供する事業をスタートしている。

　また，ライフセグメントでは，人々の命と健康を守る医薬，誰もが安心して口にできる安全な水と食料の供給に貢献している。１つ前の中期経営計画「Transformation2020」で医薬品・食品産業のバリューチェーン全体の生産性向上に寄与するために立ち上げたライフイノベーション事業本部の事業をさら

に強化している。

　こうした活動は，同社のデザイン経営に向けた途中経過であり，最終的には，顧客，「ひと」を中心に考え，その根本的な課題を見いだし，過去の常識にとらわれず，実現可能な解決策を柔軟に反復，改善しながら生み出していける組織に変革しようとしている。具体的には，長期経営構想を基にマーケティング部門が研究開発・市場創造を進める。営業部門は顧客の業界の中長期トレンドから顧客接点で検証を進め，ソリューションを展開していく，という一貫した組織機能である。

　この一貫した流れをつくるには，同社が強みである OT（オペレーショナルテクノロジー）と IT を融合した提案ができる体制構築が求められている。そのため，22年 7 月に横河デジタルを設立した。同社が得意としている DCS などの制御システムやセンサーなどの OT と IT を組み合わせることで，顧客が経営情報と生産などの情報を市場の変化に合わせて一元的に意思決定できる仕組みを，顧客の CIO・CDO といった経営層へ提案する。市場環境の変化から，従来の営業組織とは別に横河デジタルを立ち上げ，改革を推進している。

3　アスクル

(1)　企業概要

　アスクルは1993年，プラス株式会社のアスクル事業部としてオフィス用品通販サービスから事業を開始したインターネット通販会社である。従業員は3380人，売上は4285億円（連結）である（2022年 5 月期末）。中小事業所向けサービスである「ASKUL（アスクル）」，大企業向けサービスである「SOLOEL ARENA（ソロエルアリーナ）」と大企業グループ向け間接材購買ソリューションサービス「SOLOEL（ソロエル）」，個人向け（BtoC）サービスの「LOHACO（ロハコ）」を展開している。

⑵　オリジナル商品による価値共創

　アスクルはBtoB，BtoC それぞれでインターネット通販事業を展開しているが，いずれのチャネルにおいても，アスクルだけで購入できるオリジナル商品に力を入れている。BtoB で約1200万アイテムという膨大な製品を取り扱っている同社では，その中でも，回転のいい商品は当日・翌日配送をするため（＝「明日来る」），物流センターにはある程度の在庫を備えているが（22年9月時点で約13.7万アイテム），うち約8800アイテムがオリジナル商品である（22年9月時点）。同社のオリジナル商品は，価格・品質の優位性があり，環境に配慮していることなどが特色であり，購買頻度が高い商品からオリジナル化を進め，徹底的な差別化で規模を拡大しようとしている。たとえば，BtoB のASKUL は，売上高の35％がオリジナル商品である（23年5月期第1四半期実績）。

　オリジナル商品の拡充については，ASKUL（BtoB）と LOHACO（BtoC）の違いを考慮した対応をしている。ASKUL では，購入までの意思決定は短く，購入者と使用者が別という特徴がある。一方 LOHACO では購入者と使用者は同じであり，購入における意思決定には時間がかけられることが多い。

　また，ASKUL（BtoB）には，業務に求められるスペックが満たされていることのほか，価格優位性が必要となる。それに対して LOHACO（BtoC）では，ファンを増やし，他の EC サイトとの差別化をする独自の価値を有していることがポイントとなる。同社のオリジナル商品には，同社のみで扱ういわゆるプライベートブランド商品，メーカーとの共同企画でアスクルとメーカー名を併記するもの，さらにはアスクル限定販売（メーカー名を表示）がある。

　また，LOHACO には，プライベートブランド商品のほか，LOHACO でデビューするメーカーとのコラボレーション商品がある。LOHACO のオリジナル商品は，コロナ禍など暮らしの変化に適した，生活者の悩み解決型商品や，無理なくサステナブルな消費生活が実現できる環境配慮型商品に加え，店頭ではなく自宅の暮らしになじむパッケージデザインの商品などを開発している。

　オリジナル商品を強化するため，同社が最も力を入れていることの1つは，顧客の声を反映した開発である。流通に顧客接点を持っているという強みを生かし，顧客からの声を常に吸い上げて分析し，メーカーにも共有してオリジナル商品の開発に活用している。

　また，サステナビリティへの配慮にも注力している。その根底にあるのは，「*仕事場とくらしと地球の明日（あす）に『うれしい』を届け続ける。*」というパーパスである。これを実現するため，メーカーだけでなく素材会社などとも協業し，特にeコマースで重要となる包装資材に配慮する取り組みを進めている。包装材料セミナーを開催し，環境に配慮した素材の活用や商品の輸送効率，廃棄ゼロなどをテーマに，素材メーカー，商品メーカーなどと議論を重ねている。

　ECに関しては，環境上，大きな問題となっている配送負荷についても着目している。同社の売れ筋であるミネラルウォーター「LOHACO Water 2L」は5本横並びにして，他の商品と段ボール1箱で同梱できるようにするなど配送効率を向上させている。お茶などのボトル飲料も丸ボトルから角ボトルにすることで隙間なく梱包できるようになり，同じ大きさの段ボール箱に入れられる本数は25％アップ，配送における堆積を8％削減することに成功している（**図表8-10**）。

　さらに，店頭戻り，余剰包材を活用し，廃棄削減を進めている。LOHACO事業として，メーカーとともにEC時代におけるビッグデータを活用した新たなマーケティング手法の研究とスピーディーな実践に取り組む「LOHACO ECマーケティングラボ」を設置し，22年現在，日用品メーカー133社の参加を得ている。参加企業との商品開発面でコラボレーションが進み，その輪はさらに広がっている。

　また，従来は廃棄されていた旧パッケージ商品を，ブランド・企業と協力してアウトレット価格で販売して廃棄ロスを削減する「Go Ethical プロジェクト」も，化粧品メーカーを中心に参加企業が増え，顧客の支持が拡大している。このように，商品開発から配送までカバーするサプライチェーン全体で，メー

図表 8-10 アスクルにおける飲料の収納性向上例

箱を小さく（ボトル飲料）
丸→角ボトルでケース体積が16%削減（単純比較）

NB 商品　お茶　24本入
上からの図

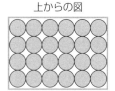

NB 商品
お茶280ml

アスクルオリジナル商品
香り豊かなお茶265ml

香り豊かなお茶30本入

ボトルの隙間
→空気を運んでいる

隙間なく入れられる
※実態は
本数25％UP
体積 8 ％DOWN

（出所）　アスクル提供資料より作成

カーと協力しながら廃棄ロスの課題解決を進め，環境に配慮した事業の実現を目指している。

　オリジナル商品を成長させるために，UI の面でもさまざまな工夫をしている。顧客が探しやすく買いやすいサイトを目指し，24時間365日問題なく稼働させている。他社の EC サイトとの比較や顧客の声の分析を通して，不足している点，改善ポイントをあぶり出し，調査結果やサイトにおける顧客の行動履歴などを基に機能企画まで落とし込み，顧客体験のデザインを推進，システムを開発・運用保守することでサービスデザインしている。

　たとえば ASKUL の場合，BtoB 向けサービスには定期的に決まった商品を買う特性があるため，購入周期を見たレコメンドや，検索結果上位に過去購入した商品を表示させることが挙げられる。また，ナショナルブランドを買う顧客に対して，オリジナル商品を推奨するレコメンド機能を盛り込むなどしている。さらに，AI レコメンドエンジンと自社開発したレコメンド（機能レコメンド）を搭載することで，顧客の利便性向上，サイト滞在時間を増加，1 訪問

当たりの売上金額アップにも取り組んでいる。

　アスクルは,「仕事場とくらしと地球の明日（あす）に『うれしい』を届け続ける。」という同社のパーパスの下,顧客の声を常に分析し,それをメーカーと共有して,顧客ニーズにマッチした商品開発の創造を続けている。

③　経営としての抜本改革に向けて

　営業受難の時代,顧客と価値を共創するためには,経営陣としての抜本的改革が求められる。「どのような顧客にどのような価値を提供したいのか」がいつの間にか不明確になり,企業内のさまざまな部門の間に横串を刺す目的がなくなり,バラバラになってしまっていることも多い。また,顧客は製品ではなく顧客体験を求めている現在,自社はどのような価値を顧客に提供したいのかを明確にしておかなければならない。

　さらに,サステナビリティ経営が求められる中,企業の存在意義が問われている。社外のステークホルダーだけではなく,社員に対して自社の存在意義やありたい姿を明示することが求められている。また,ありたい姿や理念を掲げて終わりではなく,日々の活動に浸透させ,またその状態を連鎖させていく必要がある。立派なビジョンがあるだけで日頃の企業活動は過去のままというところも少なくないからである。

　こうしたことを実現するには,組織の機能とそれらを構成する人材の在り方を再定義することが必要となる。

1　サステナビリティの観点から考える自社の存在意義の再定義

　まずは自社の存在意義を再定義する。ほとんどの企業には,既に経営理念が存在しているであろう。その経営理念が社員の日々の行動にどのくらい落とし込まれているかをあらためて確認するのである。

　たとえば,オムロンは企業理念実践経営を推進しているが,企業理念と日々

の事業活動をしっかりとつなげるために経営のスタンスを置き，同社の経営理念である「Our Mission」「Our Values」と日々の事業活動をつなげているのである（**図表8-11，8-12，8-13**）。

　どんな立派な経営理念を掲げても，それが社員に浸透し，日々の活動で実践されていなければ意味がない。ソニーグループでは，2019年に社長である吉田憲一郎氏が「Purpose&Values」を発表しているが，それは東京通信工業の設立趣意書にさかのぼり，同社が大切にしてきた考え方を基に社員らと広く議論を重ねた末につくられた。そういったプロセスを経たものであれば，社員の心にも深く浸透するであろうと考えたのである。このように，何のために事業をするのか，自社の存在意義はどのようなもので，どのような姿を目指しているのかといったことを，日々の事業活動に反映するため，あらためて再定義や浸透させる活動が求められている。

図表8-11　オムロンの経理理念

Our Mission
（社憲）

われわれの働きで　われわれの生活を向上し　よりよい社会をつくりましょう

Our Values
私たちが大切にする価値観

・**ソーシャルニーズの創造**
　　私たちは、世に先駆けて新たな価値を創造し続けます。

・**絶えざるチャレンジ**
　　私たちは、失敗を恐れず情熱をもって挑戦し続けます。

・**人間性の尊重**
　　私たちは、誠実であることを誇りとし、人間の可能性を信じ続けます。

（出所）　オムロン Web サイトより作成
https://www.omron.com/jp/ja/ir/irlib/pdfs/ar21j/OMRON_Integrated_Report_2021_jp_Vision.pdf

図表 8 -12 オムロンの企業理念経営

企業理念

変わることのない，わたしたちの判断や行動の拠り所で
あり，求心力であり，発展の原動力。

経営のスタンス

事業を通じて企業理念を実践する経営の
姿勢や考え方。

長期ビジョン　VG2020	オムロングループマネジメントポリシー
10年先を見据え，よりよい社会をつくるオムロンの強い意志を示した長期ビジョン。	多様な価値観を持った社員が，グローバルに一体感を持ちながらも，一人ひとりが自律的に考え行動するためのグループ全体の運営ポリシー。

（出所）　オムロン Web サイトを基に作成
　　　　https://www.omron.com/jp/ja/about/corporate/vision/

図表 8 -13 オムロンの「経営のスタンス」

私たちは，「企業は社会の公器である」との基本的考えのもと，
企業理念の実践を通じて，持続的な企業価値の向上を目指します。

- 長期ビジョンを掲げ，事業を通じて社会的課題を解決します。
- 真のグローバル企業を目指し，公正かつ透明性の高い経営を実現します。
- すべてのステークホルダーと責任ある対話を行い，強固な信頼関係を構築します。

（出所）　オムロン Web サイトを基に作成
　　　　https://www.omron.com/jp/ja/about/corporate/vision/stance/

2　メガトレンドから顧客接点活動までの活動連鎖の構築

　VUCA といわれる，先のことを予測するのが難しい時代，自社の存在意義
とともに，メガトレンドなどを基にして10〜15年先の未来シナリオを描き，長
期経営構想をまとめられている企業もある。変化の多い時代であるため，現在
の事業活動の延長線上ではなく，バックキャスティング型で戦略を策定するの

である。

　しかしながら問題はこの先にある。現在推進している日々の活動との接点を見いだせないまままったく別の活動となってしまい，未来シナリオや長期経営構想が絵に描いた餅になってしまうことである。ここが最も難しいところである。

　シーメンスはメガトレンドを大きな社会の流れとして捉え，「ピクチャー・オブ・ザ・フューチャー」という業界別のシナリオを作成し，各業界のトップと対話をする際に用いている。将来，顧客の業界に起こり得る非連続な変化に同社がどのように対応していけるのかを，議論を通じて顧客に理解してもらうことで，顧客と価値を共創するパートナーという関係性になることを目指している。

　顧客のCXOクラスと議論の機会を設けることで，中長期の構想を日々の活動に落とし込むのだが，こうした機能を誰が担うのかが問題となる。マーケティング部門が中長期のトレンドを想定し，予測した出来事が実際に起きている地域にアンテナ機能を置くことで，具体的な顧客との検証やPoCなどを進めるといったことも考えられる。

3　デザイン経営実現に向けた組織機能の再定義

　デザイン経営は「ひと」の本質に着目し，顧客が気づいていない課題をあぶり出していくものであり，そこには市場や顧客に対する洞察力が求められる。デザイン経営を実現するには，企業が市場との接点をいかに面で持てるかがポイントになる。顧客との接点が従来型の営業機能のみということでは，デザイン経営は難しいだろう。マーケティング部門が市場との強い接点を持ち，メガトレンドを捉えて自社の技術と結びつけるといったような，企業としての市場の変化に対する高い洞察力が求められる。その上，前述したようにバックキャスティング型で戦略を策定し，それを市場で検証する機能を，変化が起きている最先端の地域で検証していかなければならない。

　確かに未来は現在と直線では結べず，描いた未来シナリオとは異なる事態が

起きることの方が多いだろう。それでも仮説検証を繰り返し，シナリオを臨機応変に描き変えつつ進めていくことが大事なのである。そのためには，研究開発部門，製品開発部門，マーケティング部門，営業部門といった縦割りの組織体系を打破し，連携できる組織機能のデザインが不可欠である。

　横河電機が実施したマーケティング改革は，そのような観点から非常に示唆に富んだものである。マーケティング部門がメガトレンドをモニタリングする機能を担い，どのような技術にリソースを投入すべきかを考え，市場の変化をリードするような研究開発テーマを挙げていく。その上で市場との接点にさまざまな仕掛けを行った。こうした機能連携と機能再定義が必要だろう。

　日本企業にはマーケティングを担う組織はあるが，結局は販売促進機能に帰結してしまっており，市場創造の機能は乏しい。変化の激しい時代だからこそ，マーケティング機能の再定義が求められている。そして研究開発部門との連携をより深め，その企業に合った連携の在り方を模索すべきである。

4　人材の再定義と人的資本経営への転換

　また，経営陣として欠かせないのは人材の再定義である。日本はGDPに占める人材への投資の比率が圧倒的に低いのである（**図表8-14**）。

　極めてショッキングな数字であるが，日本企業が人材について考えるとき，

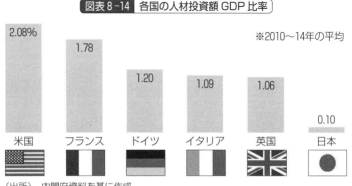

図表8-14　各国の人材投資額GDP比率

※2010～14年の平均

米国	フランス	ドイツ	イタリア	英国	日本
2.08%	1.78	1.20	1.09	1.06	0.10

（出所）内閣府資料を基に作成

販売費や一般管理費と同様に経費として捉えるため，コストダウンの発想となってしまう。かたや欧米企業にとって人材は財産であり，投資対象となっている。日本の強みはもともと資源がないため人材は最大の投資対象であり，日本企業は終身雇用制を基盤にチームの醸成や人材の育成を行い，強みとしてきたはずである。その最たるものがOJTであり，職場で実際の仕事を通じてさまざまなことを学んできた。

　ところが，OJTのような人材育成法は，未来が現在やっていることの延長線上にある時代は有効であったが，変化が激しく予測も難しい時代には通用しない。つまり，高性能の製品を輸出することによる成長に最適化されたモデルなのだ。

　現在求められているのは，創造したい未来を企業全体で考え，市場の変化をモニタリングし，どのような事業モデルに変革しなければいけないのか，そのためにはどのような人材が求められているのかについて常にアンテナを高く張っておくことである。また，人材を教育するための投資も惜しんではならない。

　人材は資本であり削減対象の経費ではない。あらためて人材に対する投資，すなわち人的資本経営を深めることが必要とされている。日本企業が価値共創機能を構築するには，こうした抜本的な組織の再構築が求められているのである。

（参考文献）
・丸井グループ　相田昭一上席執行役員CDOインタビュー
・横河電機　阿部剛士常務執行役員マーケティング本部長インタビュー
・アスクル広報部，関連部門インタビュー

第9章

営業組織の再構築

① 営業組織が持つ限界

　従来の営業組織は，強いモノづくりに基づく製品販売と市場の右肩上がりの成長を前提としている。市場がまだ成長している段階で，製品をイノベーター，アーリーアダプターからアーリーマジョリティへと普及させるため，カタログを持ち直販したり，販売チャネルを経由して販売したりするのに適した機能となっている。時代は大きく変化したものの，この構造は基本的に変わっていない。その結果，マーケティング部門はマーケティングというより販売促進部門，営業部門は営業というよりカタログを持参する販売部門という色合いが濃くなっている。

　こうした営業組織の構造は，今や時代に全くそぐわなくなってしまった。新興国の市場開拓はあるにせよ，少なくとも先進国には製品が行きわたっており，今の市場・顧客の要望と合致していない。ネット販売が普及しており，それで十分なのである。こうした状況における現在の営業組織の問題点を再度，述べることとする。

1　製品軸での活動の限界

　現在の営業組織は自社の製品を売ることに目的を置いている。そのため，組織のKPI（重要業績評価指標）も販売数で評価される。一方で，製造業で唯一，市場と常に接するという機能を担いながら，顧客や市場の変化に対するアンテナが張りめぐらされていないという矛盾が生じてしまっている。目の前のノルマをこなすことに必死なので，顧客の変化を見極めることができていない。それ故，営業担当者には来てほしくないと思っている顧客すらいるのが実際のところである。製品の使い方はWebサイトを見れば十分理解できるからである。

2　自社起点でのプロセス管理

　現在の営業組織は管理が内向きで，販売プロセスなど，自社の都合で行って

しまっている。販売プロセスは売る側の論理であり、買う側の都合とは相いれない。

　顧客のニーズは常に変化しており、情報収集や購買の方法も刻々と変わっている。意思決定に影響を及ぼす要因も以前とは異なり、SNSやインフルエンサーといったものが大きな購買要因の1つとなっている。つまり、営業担当者の説明が購買の意思決定に与える影響は限定的なのである。

　こうした顧客の購買プロセスの変化、カスタマージャーニーの変化に感度を高めることが一層重要になっているにもかかわらず、現行、そのような形にはなっていないところが多い。従来の思想から抜け切れていないのである。

3　他部門との連携が弱い

　営業組織は顧客接点という最大の武器を持ちながら、そのポテンシャルを十分に発揮できていない。たとえばサービス部門や保守部門との連携が弱いのである。

　顧客は購買後にさまざまな要望を持つものである。つまり、製造業からすれば販売後こそ入手すべき情報の宝庫であり、それによって顧客体験というものがつくられていくのである。しかしながら、現行、販売後の顧客接点は、保守点検や故障があったときにサービス部門の担当者が対応する程度である。サービス部門の担当者は顧客にとって頼りがいのある存在であり、メーカーとしても機能を十二分に果たしているだけに、営業部門との連携がうまく取れていないのは何とももったいないことである。

　優秀な営業担当者であれば、サービス部門に頻繁に顔を出したり、顧客の製品の状況をきちんと把握したりしてから訪問しているであろう。ところが、これではあくまでも属人的である。設計部門や開発部門としっかり連携できれば、製品だけではなく優れた顧客体験を提供できるはずである。

4　市場の変化が捉えられない

　このように製品を販売する機能に特化した営業組織は、市場の変化を捉えら

れていない。週の初めに行われる営業会議のメイントピックはパイプライン管理であり，今月何件クローズできるかという報告が中心である。さまざまな顧客と接し，その変化を見ているはずなのに，そのことが議論の中心にはならず着地売上の予測をして終わってしまう。

　そういった営業会議は，数字の予測を立てたり着地を捉えたりするという意味では大事なのかもしれないが，元来もっと議論されるべきことがあるはずだ。せっかく市場変化を捉えられる接点を持っているのだから，その変化について議論し，そこを起点に企業内にさまざまな変革を呼び起こす組織にすべきなのだが，今の営業組織はそうはなっていない。顧客にいわれたことを従順に行うだけなのである。

　それを自社の強みであると解釈することもできるが，顧客のいうことをただ聞いているだけでは，高い付加価値を提供することはできない。結局，価格競争の中で戦うしかなくなってしまうのである。

② 企業事例

　先進事例として，BtoB では日立製作所，BtoC ではサントリーをそれぞれ取り上げる。

１　日立製作所

(1)　企業概要

　日立製作所は，社会インフラ事業（交通インフラやエネルギーインフラ），インダストリーなどの産業領域，情報システム，自動車産業へのソリューションを展開している。2021年度の売上高10兆2646億円，連結従業員数36万8247人（22年3月現在）と，日本を代表する企業である。

⑵　事業変革と顧客接点機能の抜本的改革

　日立製作所は，2008年度に7873億円という巨額の赤字を出したものの，09年
4月に川村隆氏が社長に就任した後，社会イノベーションを中心とした事業に
その事業内容を大きく絞り込み，V字回復を果たした。

　16年度には，製品別のカンパニー制から，業種営業軸の12のフロントビジネ
スユニット（BU）に組織再編し，それらを電力・エネルギー，産業・水，アー
バン，金融・公共・ヘルスケアの四つの業種グループに振り分けることで，顧
客接点の強化に取り組むこととした。そして，それを支える組織としてサービ
ス＆プラットフォームBUを設け，同社のIoTプラットフォーム事業である
「Lumada」を推進する体制としたのである。製品事業は，このような顧客課
題を起点とした提案に合わせて製品を供給する体制とし，あくまでも営業の起
点は顧客業種軸と改めたのである。こうして同社は，製品を中心とした事業か
ら，業種軸で顧客の課題解決を推進する企業へと転換を遂げた（**図表9-1**）。

　その後，21年度までの「2021中期経営計画」に合わせ，19年4月に体制を見
直し，IT，エネルギー，インダストリー，モビリティ，ライフという5セクター
を成長分野として位置付け，関連するBUをこのセクター内に配置するという
再編をした（**図表9-2**）。

　同社にとって09年度から21年度は構造改革の期間であった。顧客軸での経営
体制の推進と同時に，事業の取捨選択，「稼ぐ力」の強化，そのための人・モノ・
金・情報・ドメインナレッジ（顧客の業種固有の課題に関する知識）といった
経営資源を集約することで，顧客に対する課題解決力を高めた。

　19年度以降は副社長レベルの役員が各セクターのトップとなり，5人のセク
ター長がIRの場に登場することで経営責任を明確にして「稼ぐ力」を格段に
向上させている。こうして，より透明性の高い経営の実現を目指している。

　改革の成果もあり，21年度には5834億円の当期利益（最高益），時価総額は
22年3月31日時点で5兆9630億円と最高額をつけた。戦略事業であるLumada
事業は，米国のデジタルエンジニアリング会社グローバルロジックを買収した

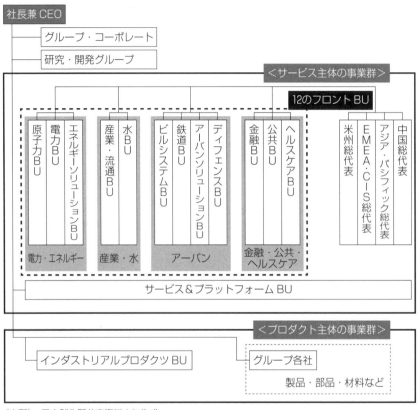

図表9-1 日立製作所が2016年に発表したフロントBU（ビジネスユニット）の組織

（出所）　日立製作所公表資料より作成

こともあり，21年度の事業収益が1兆6090億円と大きく成長している（**図表9 -3**）。

　こうした業績を実現できているのは，セクターもしくはその中のBUで得た顧客業種軸での人・モノ・金・情報などの重要な経営資源がLumada事業を起点として集約され，各BUがリカーリングするというビジネスモデルへの転換を進めたことによる。またそれを支えるため，サービス＆プラットフォームBUが横串を通し，Lumadaを軸とした専門組織Lumada CoEを設置して支援

図表 9 - 2 「2021中期経営計画」で発表された日立製作所の事業体制

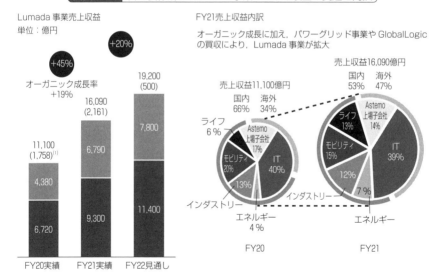

IT	エネルギー	インダストリー	モビリティ	ライフ	オートモティブシステム事業
金融BU / 社会BU	原子力BU / エネルギーBU / パワーグリッドBU	産業・流通BU / 水・流通BU	ビルシステムBU / 鉄道BU	日立グローバルライフソリューションズ / 日立ハイテク	日立ASTEMO

サービス＆プラットフォーム BU

プロダクト事業

（出所）　日立製作所公表資料を基に作成

図表 9 - 3 日立製作所の Lumada 事業における収益の変遷と内訳

Lumada 事業売上収益
単位：億円

FY21売上収益内訳

オーガニック成長に加え，パワーグリッド事業や GlobalLogic の買収により，Lumada 事業が拡大

+45%
+20%

オーガニック成長率
+19%

19,200
(500)

16,090
(2,161)

11,100
(1,758)(1)

7,800

6,790

4,380

11,400

9,300

6,720

FY20実績　FY21実績　FY22見通し

■ コア事業　■ 関連事業　● YoY

売上収益11,100億円
国内 66%　海外 34%

ライフ 6%
Astemo 上場子会社 17%
モビリティ 20%
インダストリー 13%
IT 40%
エネルギー 4%

FY20

売上収益16,090億円
国内 53%　海外 47%

ライフ 13%
Astemo 上場子会社 14%
モビリティ 15%
インダストリー 12%
IT 39%
エネルギー 7%

FY21

（出所）　日立製作所公表資料より作成

してきた。Lumada CoE が業種における課題とその解決方法を支援し，単独のBUだけでなくBU 間のクロスセルの仕組みを生み出している。

　BU の枠にとどまらないクロスセルに対しては，Lumada CoE が横串となってテーマを推進するハブとしての役割を担っている。たとえば，スマートシティ，デジタルSCM，カーボンニュートラルなどのテーマは業種横断的に取り組まなければならない。そのため，各セクターのBU は，グローバルロジックで獲得したデジタルエンジニアリングの力を生かし，顧客とデザイン思考の下に議論を行い，ビジョンを共有している。なお，22年度から Lumada CoE を社会イノベーション事業統括本部配下に配転している。

　24年度に向けた中期経営計画では，さらなる成長を目指して鉄道 BU とエネルギーBU を統合しグリーンエナジー＆モビリティとするなど，シナジーをより高められる領域を組み合わせた（**図表9-4**）。

　さらに，社会イノベーション事業の一層の高収益化に向け，デジタルエンジニアリング力でのプラン策定，システムインテグレーション，そこに製品をつなげてマネージドサービスを展開するというサービスモデルを進めている（**図表9-5**）。

図表9-4　日立製作所の現在の事業体制

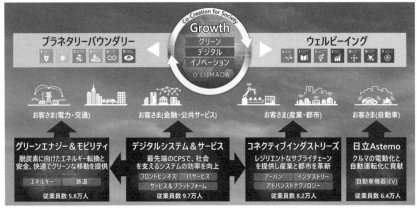

（出所）　日立製作所「2024中期経営計画」より作成

図表9-5　日立製作所における Lumada による社会イノベーション事業の高収益化

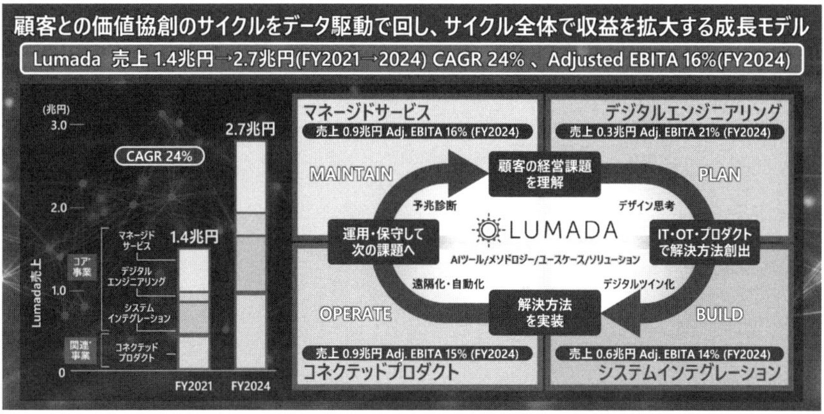

（出所）　日立製作所「2024中期経営計画」より作成

　このようなビジネスモデルを実現するには，ニーズに応じてソリューションを提供するという従来型の顧客との関係ではなく，顧客の経営課題をともに考え，価値を協創していく形に進化を遂げなければならない。たとえば，社会インフラ事業者から受注するという考え方から，社会インフラを利用する企業や市民の課題を解決するために，社会インフラ事業者とともに価値を創造していくパートナーとなろうとしているのである。そこで同社では，全社員に対してデジタルトランスフォーメーション（DX）のeラーニングを実施し，協創に関する基礎知識の習得に努めている（**図表9-6**）。

　加えて，各セクター内 BU から Lumada CoE に優秀なフロント人材を受け入れ，1年間，デザイン思考で事業開発をする実地研修を行うなど人材育成を強化している。

　また，顧客に寄り添った DX を推進するため，顧客協創コンサルティングの機能設計をしている。具体的には，DX コンサルティングの機能を営業的活動と SE 的活動の2つに分け，DX コーディネーターが営業的活動を行い，長期の顧客協創ライフサイクルを担当するコンサルティングチームとして機能している。DX コーディネーターは案件組成は行うが，あくまでも長期的な視野に

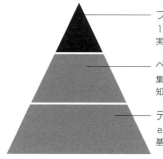

図表9-6　日立製作所のデザインシンカーの育成

デザインシンカー：顧客との協創により，デザイン思考によって
課題を発見し，イノベーティブな解決策を創生する人財

プロフェッショナル人財　2022年3月までに500人
1年間の特別業務研修を受講し，デジタル案件の
実務経験を有する人財

ベーシック人財
集合研修を受講し，デザイン思考の基礎的な
知識・技法を有する人財

デザインシンキング理解者　日立製作所の全社員を対象
eラーニングを受講し，デザインシンキングの
基本を理解している人財

デザインシンカーの育成計画
（出所）　日立製作所提供資料より作成

立った顧客との関係性強化を目的としている。

　このチームでは，同社の顧客との協創拠点である Lumada Innovation Hub Tokyo を中心に協創テーマを探る活動を行う。案件が組成されると，DX ビジネスプロデュースチームに引き継ぐ。そして，DX ビジネスプロデュースチームは具体的な提案を行い，予算化などを進め，プロジェクトに着手となったら，次の案件の種を DX コーディネーターに伝える，という役割分担がされている。

　このように機能を分担することにより，顧客が DX について相談することの心理的障壁を低くしている。実際，DX を推進しようとしても，顧客自身が何をしたいのか明確になっていないため，ビジョンを作成することができないことも少なくない。そういったケースでの顧客の心理的障壁を下げるため，長期目線で DX について相談を受ける DX コーディネーターを配置している。

　さらに日立製作所では，ビジネスモデルの転換を進めるために市場の変化を鋭く捉えてリソースを配置しようとしている。22年4月には，デジタルシステム＆サービス部門の営業機能として，デジタルマーケティング統括本部を新設した。この組織のミッションは，従来の業種別アカウント営業機能に加えて，デジタル市場に対するマーケティング機能を強化することと，マーケット起点

で同社のアセットを最大限活用するとともに，パートナー連携を深化させることをミッションとしている。

　そのため同統括本部は，①社会・市場からの視座で潜在市場・顧客を特定，②潜在市場・顧客に対しての新たなバリュープロポジションの構築，③顧客／パートナー協創も含めたバリューチェーン，エコシステムの構築，を進めている。②を進めるために買収したグローバルロジックの日本市場参入により，同社の既存事業とのシナジー創出を推進している。また，潜在市場・顧客への既存商材の新たな組み合わせとスケール化（N 倍化）を進めている。さらには，カーボンニュートラルなど BU を跨る新たなビジネスモデルの創出を進めている。

　たとえば，グローバルロジックジャパン（グローバルロジックの日本法人）と共同で，ノジマが取り組む DX 戦略の実行・具現化の加速に向けた協創プロジェクトを22年 6 月より開始している。ノジマが取り組むリアル店舗のデジタル化や国内デジタル家電専門店唯一のコンサルティングセールスに，グローバルロジックのデジタルエンジニアリングの知見と技術をかけ合わせ，ノジマの顧客にこれまでにない顧客体験を生み出そうとしている。

　こうした機能強化の下，同社が進めているのはソリューションの横展開だけでなく，エコシステムの構築である。Lumada CoE とデジタルマーケティング統括本部が連携して市場を探索しつつ，N 倍化できる事業創出やエコシステム創出の旗振りをする。このような仕組みで個々の顧客に対してエンゲージメントすることにより，同社はシステムやソリューション提供をしていた従来のビジネスモデルだけでなく，そのソリューションを Lumada のアセットとして資産化し，横展開することで顧客の課題を先んじて提案していける組織能力の強化を図っている。さらに，顧客やパートナーとともに価値を協創していけるエコシステム構築を目指している。

　こうしたエコシステムにより，日立製作所は，スマートシティ，デジタルSCM，カーボンニュートラルなどのさらなる社会課題の解決を目指している（**図表 9 - 7**）。

図表9-7　顧客との協創によるＮ倍化とエコシステム化による新市場創生

個々のお客さまとの協創による課題解決に加え、高付加価値なソリューションの横展開や
エコシステムでの新市場創成など、各事業グループの強みを生かしてLumada事業をスケール

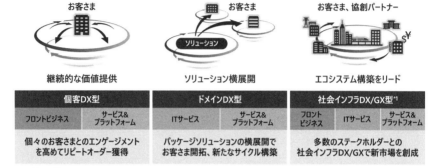

お客さま		お客さま		お客さま、協創パートナー		
継続的な価値提供		ソリューション横展開		エコシステム構築をリード		
個客DX型		ドメインDX型		社会インフラDX/GX型*¹		
フロントビジネス	サービス&プラットフォーム	ITサービス	サービス&プラットフォーム	フロントビジネス	ITサービス	サービス&プラットフォーム
個々のお客さまとのエンゲージメントを高めてリピートオーダー獲得		パッケージソリューションの横展開でお客さま開拓、新たなサイクル構築		多数のステークホルダーとの社会インフラDX/GXで新市場を創成		

※　DX／GX　Digital Transformation／Green Transformation
（出所）　日立製作所提供資料を基に作成

2　サントリー

(1)　企業概要

　サントリーは，サントリーホールディングス傘下の，ビール，スピリッツ，ワインの製造からマーケティングおよび販売までを一貫して行う会社であり，「日本で最も愛される酒類メーカーになる」をビジョンとしている。

(2)　小売企業とともに進める生活者への提案

　酒類事業を行うサントリーは，流通業界の競争激化から，流通および消費者の価格に関する感度が高まっても，それに対応するだけでは業界全体の発展にはつながらないと考えていた。競合との競争が厳しく，たとえ先んじてよい商品を出してもすぐに類似製品が出てくることで同質化競争に陥ってしまうからである。
　こうした環境で同社は，営業組織の在り方を大きく変革する必要があると考

えた。つまり，商品を顧客に届けるだけでなく，消費者に対する生活提案も同時に行うべく消費者を主語にしたマーケティング活動・営業活動を展開した。

　2016年からサントリー酒類（当時）で，改革プロジェクトが開始された。

　当初のメンバーは8人。主要な流通企業から取り組み，改革プロジェクトとして組織化を推進した。主役である消費者に対して，適切なタイミングで，適切な売り場で，適切な商品を，適切な価格で提供し，需要を活性化するカテゴリーマーケティングや，消費者（ショッパー）の気持ちや動きを理解して商品を買ってもらうための仕掛けを行うショッパーマーケティングを推進した。

　ドラッグストアの台頭などにより，小売業界がより一層厳しい環境にある中，変革の意識が高い流通企業には徐々に提案内容を聞いてもらえるようになった。消費者のデータを活用し，食卓に関する生活提案を行う施策について賛同を得るケースも増えていった。その後，サントリー酒類（当時）内に営業推進本部リテール AI 推進チームを立ち上げ，IDPOS を活用した小売企業への提案シナリオを構築していったのである。このように営業推進本部がリードする形で先行事例を蓄え，それを横展開していく形をとった。

　現在，このリテール AI 推進チームはサントリーの広域営業本部と営業推進本部の下に設置されており，広域営業本部が流通企業と協働して消費者への提案を行っている。

　リテール AI 推進チームでは，食品スーパー，ドラッグストア，コンビニエンスストア，総合スーパーといった業態に対して，それぞれの強み弱みを押さえ，いかに強みを引き出した形でより消費者に訴求できるか，すなわち，顧客の買い物体験の質を向上し，ファンを増やしていく提案をしていった。こうした活動によって，流通企業の体質を筋肉質にして，在庫の適正化やオペレーションの省力化も相まってコストダウンが可能となるのである。

　一方，これを実現するには，メーカーと小売の間のバリューチェーンをシームレスにつなげなければならない。そのためには，AI やデジタルツールを活用して顧客の購買行動を可視化し，有用なデータ分析を行わなくてはならない（図表9-8）。

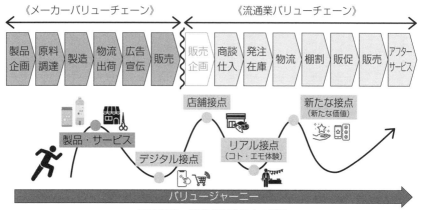

図表9-8　テクノロジー活用による新しい買い物体験

シームレスなバリューチェーンの構築

《メーカーバリューチェーン》　　　　　《流通業バリューチェーン》

製品企画｜原料調達｜製造｜物流出荷｜広告宣伝｜販売　　販売企画｜商談仕入｜発注在庫｜物流｜棚割｜販促｜販売｜アフターサービス

製品・サービス
店舗接点
新たな接点（新たな価値）
デジタル接点
リアル接点（コト・エモ体験）

バリュージャーニー

顧客理解→消費者行動接点の構築

（出所）　サントリーホールディングス提供資料を基に作成

　具体例として，顧客起点で品ぞろえを行った九州のディスカウントストアを紹介する。ここでは，サントリーのハイボールと唐揚げを組み合わせた実験を行った。レジカートに唐揚げを入れた顧客に，その場でハイボールを安く買えるクーポンを配信した。すると，配信しない場合と比較してハイボールを買う人が最大で6倍増加した。顧客の購買タイミングで相性のよい商品をレコメンドすることにより，大きな効果が上がることが分かった。

　また，店舗に取りつけてあるカメラの画像情報を解析して顧客の購買行動をデータ化し，飲酒量や購買傾向からロイヤル／ミドル／ライトといったように分類している。商品を選んで酒類売場を出るまでの時間は，ヘビーユーザーは8秒，ライトユーザーは多数の銘柄から選んだ結果45秒と，所要時間も購買行動も大きく異なることが分かった。

　棚割りの方針を変える必要性を感じさせるデータも得ることができた。従来，ABC分析で売上高が上位の商品から売り場に陳列するのだが，顧客軸でデータを見ると，最も売上の低いCランクの商品にロイヤルユーザーがよく買う

アイテムが含まれていた。商品の売れ行きだけで品ぞろえを決めると，ロイヤルユーザーが買う商品がなくなり，いずれ店離れをしてしまう可能性がある。単に売上高だけでなく，顧客の購買行動をかけ合わせることで品ぞろえを考え，売り場をつくることが必要なのである。

　こうした活動を通じて，自社本位の売上高や，利益重視に基づいた商品・ブランドを中心としたプロダクトアウトの考え方だけでは通用しないことが分かってきた。顧客の行動を常に意識し，顧客にとっての購買体験を中心に考え，売り場を流通企業とともに創造していくことにより，魅力的な買い物体験を提案する重要性を再認識するようになった。

　もう１つ事例を紹介する。トライアルカンパニーが展開するスマートストアのスーパーセンタートライアル長沼店は，AI カメラを設置し，小売店舗のデジタル化を図っている。同社は20年７月，複数の飲料・食品メーカーが参画した共同プロジェクト，REAIL（リアイル）において流通業界での AI 普及を目指した取り組みを行っており，サントリーも参画した。この活動を通じ，AI カメラから取得したデータと ID-POS データを格納・分析するシステムとして「Suntory-Link（サントリーリンク）」を開発した。

　このシステムにより，顧客別の来店頻度や売場棚の商品充足率を時系列で分析できるようになった。その結果，商品の充足率が週内に何度も０％になるようであれば，あらかじめ商品の陳列数を増やすなどのアクションを取れる。画像を分析すると店頭の商品陳列を検証することもできるという。

　このようにサントリーは，変革マインドが強く，デジタル化に意欲的で成長力がある流通企業に対し，重点的に施策展開をしていった。そして，流通企業のトップと信頼関係を築き，消費者に対しては食卓などの生活提案を行い，価格訴求ではない新しい売り方を広めている。営業スタッフの意識も徐々に変革されているという。現在は営業スタッフであるマーチャンダイザー（MD）の育成に取り組んでおり，リテールにおけるデータ分析などの普及に努めている。

　こうした ID-POS などのデータ分析や専門性の高い人材育成は，サントリーホールディングスのデジタル本部が伴走しながら支援をしている。これらの活

動は，サントリーホールディングス傘下のグループ企業にも展開し，グループ全体の知の共有を図っている。

③ 営業組織の再構築に向けて

　営業組織の再構築に向けて必要なことに，①顧客の成功を目指す営業組織への再編，②市場の変化をモニタリングする機能の構築，③雛形化とN倍化の仕組みの構築，④評価制度改革と大胆なリスキリング，の4点が挙げられる。

1 顧客の成功を目指す営業組織への再編

　現在の営業組織は製品ごとに区切られていることが多い。そのため，同じメーカーから別々にいくつもの製品の売り込みを受け，顧客が戸惑ってしまうケースも生じる。製品別にノルマがあるメーカー側の都合で生じる話なのだが，まずは製品別という切り口ではなく顧客の課題起点で営業組織を再編しなければならない。

　BtoBであれば，分かりやすいのは業種別に組織を切り直すことである。それにより，顧客が置かれている市場環境を理解して営業活動ができる。製品の販売から顧客が抱えている課題にフォーカスして，その解決に向けた議論ができる組織にしていくことが必要である。

　そういう意味では目標はあくまでも顧客の成功であり，その成功を何らかの形で測るものとして定点でモニタリングする必要があるだろう。そして，観測するには顧客にとってどのような状態を成功とするかを定義する必要がある。たとえば大和証券のように，顧客の資産がどれだけ増えたかという観点で営業組織をマネジメントすることも有効である。NPSのような指標を取り続け，顧客が自社を他者に推奨したいと思うかどうかを把握することも重要である。

　また，顧客の成功のために社内のさまざまな組織と連携することが大変有効である。これまでのように製品を顧客に販売するという機能だけでは，営業組織の機能は限定的なものとなり，市場環境の変化から取り残されてしまう。さ

らにサービス部門は営業組織との一層の一体運営が求められる。リコージャパンが実施しているように，顧客基点で考え，営業，SE，CE（カスタマーエンジニア）がチーム制で顧客を担当するというフォーメーションも有効である。営業組織はそのアンテナの高さを最大限に生かした社内での連携機能を自ら構築していくべきなのだ。

　コマツがブランドマネジメント活動で実施しているように，顧客を主語にして自社との関係性をいかに高めるかというテーマでターゲット顧客を決め，営業，サービス，開発など各部門の人材がワンチームとなり，顧客との関係性を強固にするための議論を実施することも有効である。

　顧客を成功に導くには，カスタマージャーニーを構築し，それを基点にプロセスを考える。サントリーの事例で述べたように，食品産業は消費者がどのような購買をするのかを基点に流通・小売企業と議論することが求められる。その意味では，ニーズなどに関する会話が成り立つ顧客をしっかりとターゲティングすることも必要だ。「価格がすべて」という顧客では，そもそもこのような会話は成り立たないからである。

　カスタマージャーニーの構築によって営業組織が実感するのは，自分たちの持っている接点が顧客にとってのタッチポイントとしてはごく一部でしかないということである。顧客は，Webサイト，電話，口コミ，業界専門誌など，検討段階ではさまざまなメディアを用いる。そこで，顧客がどのような導線をたどって検討を進めるのかを理解した上で，タッチポイントをどう持っていくべきかを考えなければならない。そのためには常にカスタマージャーニーを基点に議論をすることが必要なのである。Web構築をする部門，コールセンター，インサイドセールスを行う部門などが膝を突き合わせ，カスタマージャーニー起点でどのようなタッチポイントの在り方が顧客を成功に導くのか，よりよい顧客体験を構築できるのかを議論することが必要である。

2　市場の変化をモニタリングする機能の構築

　営業組織は，これまでの市場環境に合うよう組織化されている。業種という

切り口で考えた場合も，あくまで過去の常識を基に分類されている。しかしながら，業種という概念だけで考えるとこぼれ落ちてしまうものがある。たとえば「業際」といわれる変化である。従来の業種と業種の間に成長領域が増えているのである。

　製造業はリカーリングモデルを推進する中で，金融業の要素が多く入ってきている。スマートシティのような概念は，不動産業，インフラ関係の製造業，エネルギー産業の環境技術などさまざまな業界の業際領域である。エネルギーもこれまでは石油精製業が大きな顧客であったが，カーボンニュートラルという時流の変化を受け，風力発電や太陽光発電だけでなく，地熱発電，水素，アンモニアなどさまざまな可能性が議論されている。こうした従来の枠組みに入らない市場の変化を常にモニタリングをする機能が求められている。

　ここで大事なのは，では営業組織はどのように変化させていったらいいか，今後，リソースをどのような領域に割り当てるべきかを常に検討することである。また，営業組織は経営企画やマーケティング，R&D といった部門とメガトレンドについて話し合うとともに，市場との接点としてフィードバックすることが求められる。

　筆者は先日オランダを訪れ，水素に関する実証実験が大変進んでいることを知った。ある日本企業の人と議論をした際，長期経営構想で水素に大きく重点を置いているのであれば，そうしたオランダの動向にアンテナ機能を張り，実証実験などに参画するなど，長期経営構想を具現化する機能を現地に持つべきだとの意見があった。このような問題意識から，その企業ではオランダなど最先端の地域にアンテナ機能を配置し，POC を実施する機能などについて取り組みを始めようとしている。

　描き出したメガトレンドが起きている最先端の地域に対して実証実験を行い，それについて顧客の CXO クラスと話し合うような機能も必要だ。現状ではこうした機能が乏しいため，描き出したメガトレンドと営業組織をつなぎ合わせる機能がないのである。ここでも連携機能の構築が求められている。

3 雛形化とN倍化の仕組みの構築

　営業組織にとって重要なことは，市場との接点で構築された事例が常に雛形化されていくことである。顧客対応を進めると，当然，さまざまなニーズが出てくる。それを1つひとつカスタマイズ対応していると大変な労力となってしまうために雛型化は不可欠である。

　最先端の事例は先進的な顧客とのやり取りにおいて構築されるため，海外のケースも多い。その中から，他地域に横展開できそうなものは常に吸い上げる仕組みが必要なのである。欧米のIT企業には，こうした事例を雛型化するために本社が地域拠点からソリューションモデルを買い上げる仕組みがある。地域拠点は買い上げてもらうことにより，開発費が戻ってくるため，横展開可能と思われる事例は積極的に本社に公開し，雛形化を要望するようになる。

　また，営業担当者やSEは顧客の課題を理解し，ソリューションを一からつくるのではなく雛形をしっかりと理解し，横展開を進めることが重要だ。横展開を進めるには，テンプレートの利用率などを評価指標に入れることも有効であろう。とかく，エンジニアは一からつくりたがる傾向があるが，それでは効率が悪い。日立製作所がLumadaのアセットを横展開する仕組みを整備している取り組みが参考になるのではないだろうか。

4 評価制度改革と大胆なリスキリング

　最後に，評価制度改革とリスキリングについてまとめる。まず，この評価制度改革というものは非常に難しい。営業組織改革については，トップ層と若手層が改革マインドが高い一方，中間層が反対勢力になるというケースが見られるからだ。

　たとえば，ソリューション営業に対する評価を引き上げるといったことは，多くの企業が試みているものの，なかなかうまくいっていない。結局，売上評価のウェイトが大きいため，中間管理職は回転のよい製品高速販売モデルに目がいってしまう。そうなると，営業担当者はソリューション営業をするよりも

高速で製品を売った方がいいとそちらへ戻ってしまう。こうして，多くの企業が評価制度改革に失敗していることも事実だ。

　中間層の意識改革には，評価制度よりまず，月曜日の営業会議に臨む姿勢から変えることが必要である。ソリューション仮説への顧客の対応といった顧客の変化をこそ話し合うべきである。大和証券のように，顧客の成功という観点で評価するのも1つの方法だ。NPSのような顧客に対する調査を定期的に実施し，それを顧客担当営業組織の評価とすることも有効である。営業，SE，サービスといった顧客接点となっている部門においてチーム評価として反映させればチームの一体感も生まれる。また，こうしたチームを構成するメンバーのスキル要件を明確にすることも必要である。

　そのためには，顧客とどのような価値を共創したいのかを明確にし，必要なスキルを定義しておかなくてはならない。そうすることにより，目的意識に基づいた人材を育成できるのである。また雛形の利用率を評価指標に入れることで，社内でのナレッジ共有，再利用，雛型のブラッシュアップがなされる。

　日本企業は，長らく続けてきたモノづくりと販売に適した組織から，コトとモノを組み合わせ，顧客と価値を共創できる組織に変わる必要がある。企業として顧客との接点を大胆に再構築しなければならない。その際，営業組織はどう変わるべきなのかを，あるべき姿から逆算して考えることも重要である。何より，このような変革を日本企業が成し遂げることを心より願っている。

【著者紹介】

青嶋　稔（あおしま　みのる）

野村総合研究所　フェロー

1988年精密機器メーカー入社後，大手企業向け営業改革，1994年より10年の米国駐在期間中は，マーケティング，M&A，新規事業開発などのプロジェクトマネージャーを歴任。2005年にNRIに参加後は製造業コンサルティングに従事。M&A，PMI，長期ビジョン，中期経営計画策定，企業構造改革などに従事。2012年同社初のパートナー，2019年同社初のシニアパートナー，2021年4月に同社初のフェローに就任。

米国公認会計士，中小企業診断士

主な著書には，『リカーリング・シフト』（日本経済新聞出版），『価値創造経営』『マーケティング機能の再構築』『海外M&Aを成功に導くPMIの進め方』『事業を創る。』『戦略実行力』（いずれも中央経済社）などがある。

価値共創経営 —— 営業受難時代の組織の在り方

2023年10月5日　第1版第1刷発行

著　者	青　嶋	稔
発行者	山　本	継
発行所	㈱中央経済社	
発売元	㈱中央経済グループ　パブリッシング	

〒101-0051　東京都千代田区神田神保町1-35
電話　03（3293）3371（編集代表）
03（3293）3381（営業代表）
https://www.chuokeizai.co.jp
印刷／昭和情報プロセス㈱
製本／侑 井 上 製 本 所

©2023
Printed in Japan

価値創造経営
企業事例から学ぶ8つのポイント

青嶋　稔　著

企業価値を高めることに成功している企業は何をしているのか？ソニー、オムロン、味の素、ユニ・チャーム、キリンホールディングス、サイボウズなどの先進企業事例を紹介。

●中央経済社●